ヤクザと妓生《キーセン》が作った大韓民国

日韓戦後裏面史

元公安調査庁調査第2部長
菅沼光弘

ビジネス社

はじめに

二〇一五年（平成二十七年）六月二十二日、日韓基本条約締結から五十年目を迎えました。当日、東京とソウルでそれぞれ祝賀行事が行われましたが、型どおりのものに終わった感がありました。

条約を結んだときの韓国側の首脳は朴槿恵《パク・クネ》大統領の父上の朴正熙《パク・チョンヒ》大統領（当時）、日本側の首脳は安倍首相の大叔父である佐藤栄作首相（当時）。ちなみに、日韓国交に向けての交渉のドアを最初にノックしたのは、安倍首相のお祖父さんである岸信介首相（当時）でした。

いわば、日韓国交樹立の立役者の子孫が五十年後そろって国のトップとして立っているということであり、本来なら、両国共催による国交五十周年の式典にふたりの首脳が顔を合わせ歴史的握手をし、世界に向けて友好をアピールする、そんな図があってしかるべきでした。

それどころか、朴槿恵大統領は日米があれほど制止したにもかかわらず、習近平中国国家主席の主催する歴史的欺瞞に満ちた「抗日戦争七十周年式典」（九月三日）へ参加し、なおかつ、天安門の雛壇では習近平の隣で満面の笑みを浮かべて見せたのは記憶に新しいでしょう。いうまでもなく、第二次大戦時、中華人民共和国という国は存在しておらず、韓国は併合され日本国の一部でしたから、彼らが抗日戦争を戦い、これに勝利するなどということは、まったくありえないフィクションにすぎません。

韓国がことあるごとに慰安婦問題カードをダシにしてケチをつける日韓基本条約の内容をみれば、対日請求権放棄に対し有償無償八億ドル、しかも竹島棚上げという条件は韓国にとって非常に有利で、これだけみても条約締結は彼らの外交的勝利といっていい。さらにいえば、当時日韓条約締結を望んだのは、朝鮮戦争で疲弊しアジアの最貧国に甘んじていた韓国の方であり、そしてそれは、アジアでの日本の一人勝ちを許さないというアメリカの思惑とも一致しました。日韓条約を強く日本に要請したのはアメリカなのです。日本人は外交というとただちに二国間関係で考える癖がありますが、日韓対立の本質は日米韓問題であることを忘れてはなりません。

先のＴＰＰ締結までの交渉をみてもわかるとおり、国と国とが取り決めをなすとき、お互いが納得するまで丁々発止の交渉が何度ももたれるものです。ましてや日韓基本条約は終戦から条約締結までに二十年の歳月があり、うち十四年間を両国は交渉に費やしてきました。それは決して生半可なものではありませんでした。現に何度も交渉は中断しています。その難しい交渉を円滑に進めるために政治家や外交官がやらない汚れ仕事に携わり暗躍したのが、在日韓国人のヤクザです。

ちなみに、現在、全ヤクザの構成員のうち在日韓国人朝鮮人の占める割合は三割とも四割ともいわれています。今回の山口組の分裂にしても、その遠因をいくつかたどってみると、ヤクザ社会におけるもう一方の勢力である同和関係者と在日勢力の目に見えぬ確執があったと聞いています。

ＫＣＩＡ（韓国中央情報局）は対日工作の第一の手先として民団の幹部を使いましたが、彼らは同時にヤクザでもありました。つまり、ＫＣＩＡ＝民団＝ヤクザという、一般の日本人にはなかなか理解しがたい構図が暗黙裏に出来上がっていたのです。

敗戦後の貧しい日本において、とりわけ関西の在日の人たちは「ヤクザになるか、総連に入るか、それとも家内工業（朝鮮では製造業は賤業）か、俺たちにはそれしか道はなかった」という状況でした。ここでいうヤクザとはすなわち民団です。在日社会で出世を望む者は進んで民団（ヤクザ）に入り、そしてＫＣＩＡにつながっていきました。

その在日ヤクザのＫＣＩＡエージェントを、日本の政府中枢、もっとわかりやすくいえば、岸信介をリーダーとした保守政治家と結びつけたのが、フィクサー（黒幕）とか政商と呼ばれる、戦後裏面史の仕事人、裏仕事のプロたちです。特にヤクザや諜報工作員と通じて韓国利権に深くかかわっていたのが児玉誉士夫《こだまよしお》と矢次一夫のふたりでした。彼らは戦中、陸海軍の裏仕事を通して保守政治家とコネクションを築いてきました。そして、彼らは間違いなく米CIAの息のかかった人物です。

一方の韓国にしても、KCIAにCIAのスパイが跋扈《ばっこ》しており、アメリカの息がかかった金大中《キム・デジュン》（のちの大統領）の暗殺未遂事件も起こりました。

ことほど左様に、日韓関係といっても、二国間の問題ではなく、こうした複雑な力学によって支えられていることをわれわれはもっと銘記すべきです。

それと、これは他では滅多に語られることではありませんが――、KCIAエージェントの役割を担っていたのは民団員やヤクザだけではありません。日韓交渉を円滑に進めるための潤滑油として挺身《ていしん》した妓生《キーセン》という名もなき女性たちも重要な役割を果たしました。妓生とは単にセックスの相手をするだけではなく、歌舞音曲はもちろん、漢詩を詠んだりと一流の教養を身につけ、外国の要人の接待を任務とするために選ばれた、いわば特殊な外交官ともいえる女性たちです。日韓交渉でいえば、竹島問題の実質的棚上げは彼女たちの功績によるところが大きいとの証言もあるくらいです。

現在、暴対法やオバマ大統領の圧力でできた暴力団排除条例が日本のヤクザたちを締め付けています。シノギ（経済活動）のできなくなったヤクザは廃業に追いやられるか、分裂していくしかありません。この度の山口組の分裂劇はそれを象徴しています。また昭和の歴史を裏で支えた黒幕（フィクサー）と呼ばれた人物もほとんど残っていません。

それはすなわち、日韓関係を円滑に運ぶための裏仕事の専門家の不在を意味します。国交樹立五十周年を迎え、日韓関係は過去最悪の状況にあるといわれています。この関係の悪化は、いま申した裏仕事の専門家の不在とどこかリンクしているのではないかと憂慮の念を禁じえません。

最後に、本書のインタビュー及び解説、構成を手掛けていただいた但馬オサム氏に御礼申し上げます。

菅沼光弘

はじめに――3

一章　アメリカに作られた日韓対立

はじめは共産主義ではなく互助会だった「在日」団体――14
「朝連」を左傾化させたGHQ――17
OSSは密かに日本を攻撃するための日系人部隊を作っていた――21
共産党の別動隊として日本でテロ活動を行った「祖防委」――23
日韓関係の本質は日米韓問題――25
【解説】民団も総連もアウトローが作った――28

二章　在日ヤクザの真相

ものすごい地域差別を受けた全羅道が韓国ヤクザの名産地――32
対南赤化革命戦士も日本で養成していた――35
児玉誉士夫、町井久之も一目置いた中村日出夫の生き様――37
石原莞爾の「五族協和」に共鳴した町井久之――40
「ヤクザか総連かヘップ屋になるしかない」――41

【解説】在日とはコネクションである――44

三章 日韓基本条約の内幕

日韓基本条約裏の交渉人、児玉誉士夫と矢次一夫――48
インドネシアでの「賠償ビジネス」を韓国でも――50
北朝鮮の新義州は三井金属が作った――52
反日に狂う李承晩が山口県に亡命政府を作りたいと要請――53
朴軍事政権が日米へ使った脅しとは何か――55
自民党内をまとめた児玉の剛腕――57
日韓交渉ふたつの裏ルート――59
「特攻」の生みの親・大西瀧治郎と児玉――61
CIAマネーは児玉や矢次に流れていた――63
【解説】力道山と町井久之・野望の収支決算――65

四章 「任侠」を潰した警察とアメリカ

暴対法により中国マフィアが台頭――74

オバマのヤクザ潰しとTPP――78
「ヤクザが本業、国会議員が副業」と言えた時代――80
小泉家と北朝鮮のパイプ――82
冷戦構造の崩壊でヤクザに使われるようになった右翼――84
【解説】権力とヤクザ――86

五章 竹島を棚上げさせた妓生の実力

「君が代」でなく「アリラン」を演奏した韓国の外交非礼――92
KCIA部長が証言した南北交渉の実態――94
一流の教養を身に付けていた妓生たち――96
国内で妓生は差別されていた――100
オイルショックも妓生で乗り切った――102
貧しい時代を乗り越えようとした妓生の愛国心――103
じつは日韓併合を英断だったとわかっていた韓国政府――105
事実ではなく「そうであるべきだ」が韓国の歴史認識――108
「秘苑」―民団の迎賓館と呼ばれた妓生ハウス――110
同胞よりも日本人を信用する朝鮮人――111
アメリカに殺された日韓の政治家たち――112

【解説】歴史は妓生ハウスで作られる――114

六章 政治を動かしたヤクザ人脈

日本外国特派員協会の私（菅沼）の発言は高山登久太郎の言葉――126
ヤクザは「同和対策事業」――127
敗戦後横暴の限りをつくした「第三国人」との戦い――129
「日本人よりも日本人」――130
山口組全国制覇最大の貢献者・柳川次郎との出会い――133
自国のヤクザを弾圧しても在日ヤクザは重宝した朴正煕――134
韓国では英雄だった柳川とその三羽烏――136
公安調査庁と韓国軍の情報部を結びつけた矢次一夫――141
【解説】暴力から狡知の時代へ　変容する在日アウトロー――144

七章 朴槿恵「反日」の宿命

朴槿恵の母親が射殺された文世光事件と金大中事件はつながっている――150
在日人脈も知らなかった韓国人「親日家」の領事――152

金大中事件と陸軍中野学校――153
指紋の付着、遅刻、杜撰だった事件――154
韓国大使館№2はＣＩＡのスパイ――156
オバマが任命した駐韓アメリカ大使の正体――158
朴正煕ではなく陸夫人暗殺が文世光事件の真相という説も――159
朴槿恵の反日は母親を殺された千年の恨みなのか――162
【解説】北朝鮮の日本人拉致は金大中・文世光事件から始まった――165

八章 アメリカに殺された韓国大統領

暗殺につきまとわれた朴正煕の数奇な運命――172
なぜ朴槿恵は光復軍にこだわるのか――175
どうしても戦争で日本に勝利した歴史が欲しい韓国――177
自主独立と核武装抗争が朴正煕の死を招いた?――180
「私の後ろにはアメリカがいます」――183
国際社会の歯車が狂いだしたカーター政権とオバマ政権の類似――186
朴槿恵暗殺の可能性――188
すさまじい内戦で始まった全斗煥政権――189
地域差別の怨嗟をそらすために建てた反日記念館――192

終章　米中に挟まれた日韓関係の行方

不可解な盧武鉉の自殺――193
アメリカを本気で怒らせた――196
盧武鉉は金正日に何を話したのか「趙甲済レポート」の衝撃――198
南北問題も複雑怪奇――200
【解説】朴暗殺の背後に蠢くもの――202
ヤクザが作った韓国軍事政権――208
左翼対策だった統一教会の輸入――211
CIAの工作員は空軍の要員として来日する――214
中国接近は朴槿恵の計算――217
対米外交の駆け引きのダシにされる日本――220
父娘二代の復讐の夢は終わった――221

本書ができるまで　但馬オサム――224

資料　戦後日韓オーバー&アンダーグラウンド史――228

一章　アメリカに作られた日韓対立

はじめは共産主義ではなく互助会だった「在日」団体

――戦後の日韓関係、その起点ともいえる「日韓基本条約」とは一体何だったのか、というのがこの本の重要なテーマのひとつです。国と国との条約というのは、むろん、両国の首脳や外務大臣の交渉の末に結ばれるのですが、そういったテーブルの上での外交とは別に、歴史の表面には出てこない、テーブルの下の交渉というものがあるわけで、日韓の場合、その裏の交渉を担っていたのは、いわゆる在日ヤクザ、それにフィクサー（黒幕）と呼ばれる日本人でした。それについてくわしくお聞きする前に、在日韓国人、あるいは在日朝鮮人というものについて、ここでひとつおさらいをしておきたいと思うのですが。

まず、私の知っている範囲のお話からさせていただいてよろしいでしょうか。

菅沼　どうぞ。

──一九四五年（昭和二十年）八月の敗戦から間もない十月十五日、東京・日比谷公会堂で在日本朝鮮人連盟（朝連）の結成式が行われます。当初は、イデオロギー的な団体ではなく、在日朝鮮人のための互助会的な組織だったと聞いています。

ところが、日本共産党中央委員だった金天海《キム・チョンヘ》が最高顧問につき実権を掌握すると、同盟内の民族派や親日派を粛清して、実質上、朝連は日共の別働隊となるわけです。戦後、合法政党として再スタートした日本共産党は、「合法」ゆえに表立ってできなかった騒乱や火炎瓶テロを彼ら朝連のメンバーに下請けさせることになります。

金天海。朝連を乗っ取ると同時に日共に資金援助した。その後、北朝鮮に戻ったが、消息は途絶える。強制収容所に入れられたともいわれている。

一九四九年（昭和二十四年）、朝連はGHQに解散を命じられますが、一九五一年（昭和二十六年）には在日朝鮮統一民主戦線（民戦）として復活するんですよね。それに少し先がける昭和二十五年に日共党員の朝鮮人によって組織されたのが朝鮮祖国防衛委員会中央本部（祖防委）で、この主要メンバーは日共中央委員会民族対策部（民対）でした。つまり、実態は祖防委イコール民対であり、祖防委は民戦の裏の顔でもあったということです。祖防委の実行戦闘部隊が、祖国防衛隊（祖防隊）です。おりしも朝鮮戦争が勃発、祖防隊はアメリカ軍の兵站基地であった日本の地で内部攪乱のための騒乱、テロを多数実行しています。

その民戦の後継組織が、現在も続く在日本朝鮮人総連合会（朝鮮総連・総連）で、これは一九五五年（昭和三十年）五月の結成です。

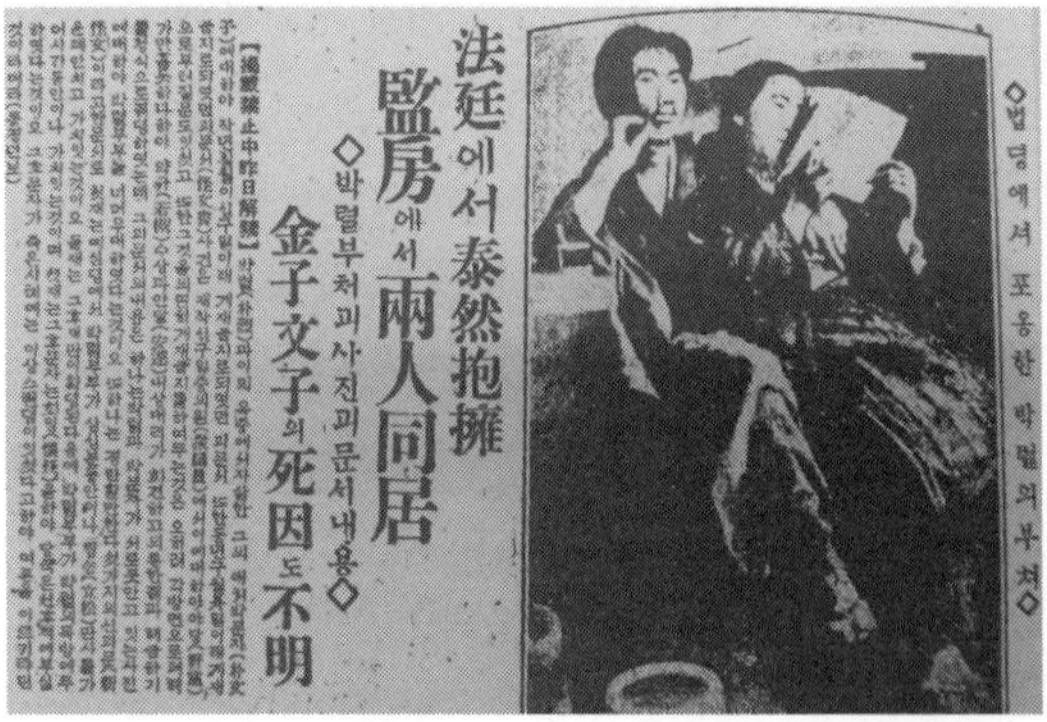
◇법뎡에서 포옹한 박렬의부처◇

法廷에서泰然抱擁
監房에서兩人同居
◇박렬부처괴사진괴문서내용◇
金子文子의死因도不明

朴烈と金子文子「法廷で抱擁」。アナーキストのカップルというと大杉栄と伊藤野枝が知られているが、こちらもスキャンダルな話題では負けていない。

同じ年の七月、日本共産党が第六回全国協議会（六全協）で暴力革命路線を放棄すると、梯子を外される形になった朝鮮総連は日共から距離をおき始め、朝鮮民主主義人民共和国（北朝鮮）の純然たる国内公認団体となります。

菅沼　そのとおりです。

――その一方、朝連を追放された者たちや反共主義者の在日の青年たちが中心になって、一九四六年（昭和二十一年）に朝鮮建国促進青年同盟（建青）を発足させます。そのシニア部隊のようなものが新朝鮮建設同盟（建同）で、こちらの実質的な指導者が朴烈《パク・ヨル》でした。彼はもともとアナーキスト（無政府主義者）で、大逆事件を企てたという容疑で逮捕され、獄中で転向したというユニークな、と申しますか、特異な人物ですね。この建青と朝連は、在日社会の主導権を巡って血で血を洗う抗争を繰り広げるわけですが、建青、建同を中心に反共勢力としてまとまったのが、在日本大韓民国民団（民団）。民団は大韓民国の出先機関として今日に至っています。

……ざっと、こんなところで間違いはないでしょうか。

「朝連」を左傾化させたGHQ

菅沼　おおむね、おっしゃったとおりです。金天海に限らず、戦前、在日朝鮮人の中で日本共産党に入党した者が、たくさんおりました。それから、韓国内でも、朴憲永《パク・ホニョン》のように、日韓併合時代に活動していた共産主義者もいたわけです。しかし戦後、三八度線の向うに北朝鮮という共産主義国家が作られたために、そちらの方に吸引されていった。北朝鮮はスターリンのソ連が建国したものですが、その後金日成《キム・イルソン》の革命思想の影響が強くなっていく。したがっていまは、北朝鮮は純然たるマルクス主義というより、金日成主義です。

それから、いまおっしゃったとおり、在日本朝鮮人連盟、朝連、これはもともと共産主義の組織ではなくて、有象無象の在日朝鮮人の集まりだったわけです。

――民族主義者もいれば、親日派の朝鮮人もいましたね。本国への帰国を前提に、手続きの代行とか、そんなこともやっていたようです。互助会といいますかね。

菅沼　そう。親日派もいた。それからね、朝連の左傾化にやっぱり大きな影響があったのは、GHQなんですよ。戦後、GHQが、占領政策を遂行するにあたって、「日本の民主化」というのを真っ先に挙げた。投獄されていた日本共産党員を釈放し、野坂参三のように延安から帰ってきた共産党員の大歓迎式典をさせたり、いろいろなことをやりましたね。

当時、GHQの中に民政局というのが存在していた。「日本の民主化」を推進したのがこの部局です。その長がコートニー・ホイットニー、それに彼の腹心のチャールズ・ケーディスがいました。彼らこそいわゆる日本の戦後レジームというものを作った「ニューディーラー」たちです。彼らは隠れコミュニストでもあった。日本の民主化という過程で、在日朝鮮人のあつかいをどうしたらいいか、当然彼らもいろいろ考えていたわけです。

当時、モスクワに国際共産主義運動のセンターであるコミンテルンという組織がありました。日本共産党の綱領もここで策定されました。このコミンテルンの規定に一国一党の原則というのがあった。要するに、一つの国には一つの共産党しか認めないという原則です。日本なら、日本共産党一つしか認めませんということです。その日本に在日朝鮮人がいるわけです。日本の中に朝鮮共産党というのは認めませんよ。だから在日朝鮮人も在日中国人も、その他いろんな外国人も、共産党員はすべて日本共産党に入りなさいということです。そこで在日朝鮮人の共産主義者はすべて日本共産党に入党しました。しかもGHQのお墨付きのもとで。

ところが、米ソ冷戦という構造が浮き上がってくる過程で、GHQが方針を一八〇度変えてしまうわけです。共産党は敵になってしまったんです。ソ連という強大な敵ができたわけだから。

――「逆コース」ですね。戦争協力者ということでGHQによって公職追放された企業のトップや大学の先生が復職を許され、代わりにレッド・パージが始まると。朝鮮戦争のころでしょうか？

菅沼　朝鮮戦争も引き金でしたけど、実はそれ以前に火種はありました。

敗戦後の超インフレで日本が混乱し始めているとき、GHQの肝入りで来たジョセフ・ドッジ――彼はデトロイト銀行の頭取ですけれど――そのドッジがものすごい金融引き締め政策を行った。これがドッジ・ラインです。特に国鉄とか国家公務員の、徹底的な人員削減、クビ切りをやったわけですね。それに反発して、例えば国鉄労働組合など労組が労働争議を起こすわけだけど、それに合わせるように、当時、下山事件とか松川事件、あるいは三鷹事件とか、そういう国鉄がらみの不可解な事件が続出しました。これは労組を犯人に仕立てるためのGHQの仕組んだ謀略だという説が言われています。もっと端的にいえば、共産党を弾圧するための口実作りです。

――読者のために少し解説しておきますと、下山事件というのは一九四九年（昭和二十四年）七月、失踪中の国鉄総裁・下山定則氏が常磐線北千住駅～綾瀬駅間の線路上で死体となって発見された事件です。他殺か自殺かを巡って日本中が大騒ぎになったと聞いています。三鷹事件というのは、中央線三鷹駅の無人列車暴走事件。松川事件は東北本線松川駅での列車転覆事件。いずれも未解決で、国鉄三大ミステリー事件などと呼ばれています。

菅沼　では、それを遂行したのは誰か、ということになるわけですね。いま言った民政局の他に、GHQには参謀第二部（G2）の下にCIC（＝陸軍情報局／Counter Intelligence Corps）という、要するに情報局があったわけです。指揮していたのがチャールズ・ウィロビーという男。

――ウィロビーという人は大の反共主義者で、東京裁判を「この裁判は史上最悪の偽善だ」と言ったことでも有名ですね。岸信介らA級戦犯の容疑者の釈放に尽力したともいわれています。ニューディーラーからウィロビーのような徹底的な反共主義者までいたということで、GHQの政策も左右に大きく揺れていたわけですね。

菅沼　そこへまたね、米国のCIA（＝中央情報局／Central Intelligence Agency）の前身になる、OSS（＝戦略事務局／Office of Strategic Services）というのも入ってきたわけです。こういうのがいろいろごちゃごちゃしたんですけどね。

――黒澤明に多大な影響を与えた映画監督のジョン・フォードがOSSの工作員だったという事実が、近年のアメリカ公文書の公開で明らかになりました。ウォルト・ディズニーがFBI（＝連邦捜査局／Federal Bureau of Investigation）の要請でハリウッドの赤狩りリスト制作に協力していたり、アメリカの映画人も結構、裏の仕事を担っていますね。

OSSは密かに日本を攻撃するための日系人部隊を作っていた

菅沼　そのOSSが先の大戦末期、東アジアで何を画策していたかというと……。OSSは（ウィリアム）ドノバン将軍という人が創立者で、欧州戦線ではナチス・ドイツに対してあらゆる破壊工作活動を行った。それこそ暗殺から始まってすべての秘密工作を。同じことを日本に対してもやろうというわけです。本土決戦を見越して、日本本土、あるいは当時日本だった朝鮮に破壊工作員を送り込む。OSSは、密かにその要員を養成していたわけです。

しかし、欧州（での工作）は米国人でいいんだけども、同じ西洋人の顔しているのだから。日本は東洋人じゃないと駄目でしょう。在米の日系人がいますね。特にハワイの日系人たちは最初、真珠湾攻撃のときに敵性民族ということで隔離されちゃって、情報を遮断された中で非常に苦労し生きてきたわけです。一部の日系人は４４２連隊戦闘団（日系人部隊）に志願して、欧州戦線で勇敢に戦った……これは有名ですね。全部隊の六割という壮絶な戦死者を出した。彼らはそれだけの犠牲を出して合衆国に忠誠を誓うことで日系人の信頼というものを築いてきたわけです。

それで味を占めたのかは知らないけれど、日本に対する攻撃のための日系人部隊も作ったんですよ。

――日系人に日本攻撃をさせるのですか。われわれの感覚からすれば、ずいぶんひどい話のように聞こえますが。

菅沼　パイナップル部隊と呼ばれていたらしい。ハワイだからパイナップル。全貌はまだ明らかになっていないけれどね。

その他に、戦時中、捕虜になった朝鮮人日本兵がいるわけです。サイパンに米軍の秘密工作を行う訓練基地がある。そこに入れて訓練しました。この基地はまだあるはずですよ。この基地では、例えばチベットの、ダライ・ラマ派の人たち――ダライ・ラマが亡命するときにね、中国人民解放軍に対して反撃したチベット人がいるじゃない、そういう戦士たちも当時のＣＩＡが訓練し、ゲリラ戦士に養成して放り込んだわけです。これは知られざる歴史の事実です。それと同じく、朝鮮人捕虜を集めて訓練して後方から日本を叩く部隊を作った。

ところが、そうしているうちに日本が降参してしまったわけです。

――投入されずに済んだということですね、逆に言えば。もし、戦争がもう少し長引けば、朝鮮人部隊がゲリラ戦を仕掛けてきたかもしれない。

共産党の別動隊として日本でテロ活動を行った「祖防委」

菅沼　対日工作のために使われていた半島出身者も結構いました。G2直轄の防諜機関で「キャノン機関」というのがあったでしょ。キャノン機関のナンバー2というのは延禎《ヨンヤン》という韓国人です。要所要所に米国は韓国人を利用して、日本に対してさまざまなことをやったわけですよ。

そういう中で、最初は、「日本の民主化」という名目で共産主義者の金天海を、日本共産党の革命闘争というものに協力させてやっていこうとした。それが、民族対策部（民対）という、日共の党内組織の結成につながるわけです。

その後、北朝鮮ができて（一九四八年）、金日成体制下で朝連にも強い影響力をもちはじめてきた。それを憂慮したGHQが朝連を解散させる（一九四九年）。朝連のあとにできたのが民戦（在日朝鮮統一民主戦線）です。これはあくまで表の看板でね、非合法活動専門の裏の顔がもうひとつあって、それが祖国防衛委員会（祖防委）です。民戦と祖防委はコインの裏表の関係。祖防委の実行部隊を祖国防衛隊（祖防隊）といいます。祖防を指導していたのが、いま言った民対派の連中です。

――祖防隊は共産党の別働隊として、戦後、合法政党として再出発した日本共産党が表だってできない、交番焼打ちなどのテロ、火炎瓶闘争（表1参照）を一手に引き受けていました。いわば、暴力の下請けです。一九五二年（昭和二十七年）五月一日、皇居前を血で染めたメーデー事件も多数の祖防の活動家が参加していたと聞きます。

メーデー事件。デモ隊が皇居前広場（彼らは“人民広場”と呼んだ）を占拠。機動隊と激突、流血の惨事となった。北朝鮮旗が見える。

菅沼　そう。荒っぽいことを随分やった。それと、あなたが言ったように、この祖防が、建青と激しくやり合うわけだけど、建青というのは要するに民団ですね。両者の抗争がもっとも激しかったのが朝鮮戦争のころ。そうしているうちに朝鮮戦争は終わってしまう。なぜ終わったかといえば、スターリンが死んでしまったことが大きい。

――直接の原因がスターリンの死。中国の参戦ではなくて。

菅沼　そうです。

表1　祖防隊と日共の合作による主な騒乱、テロ事件

阪神教育事件 一九四八年 （昭和二十三年） 四月	ＧＨＱ指導による文部省の朝鮮人学校廃止令に反発した朝連の活動家とこれに呼応する日共の活動員合わせて二万人余りが大阪城前の大手前公園を占拠、その後、大阪府庁、兵庫県庁になだれ込み、府知事、県知事の吊るし上げや破壊活動を行う。ＧＨＱは戦後唯一となる非常事態宣言を発令。警察の発砲により朝鮮人青年一人が死亡している。朝連解散のきっかけともなった事件である。
メーデー事件 一九五二年 （昭和二十七年） 五月一日	デモなどが禁じられている皇居前広場（日共側は「人民広場」と呼んだ）で日共がメーデー・デモを強行。角材、竹槍、火炎瓶をもったデモ隊と警察隊が衝突。日本人一八〇名、朝鮮人一四〇名の逮捕者、二名のデモ隊死亡者を出している。別名「血のメーデー」。
枚方事件 一九五二年 （昭和二十七年） 六月二十四日	アメリカ軍の発注による砲弾の製作を請け負っていた旧・陸軍工廠枚方製造所（当時は小松製作所が所有・大阪市）に朝鮮人、日共の戦闘部隊が侵入。時限爆弾を爆発させた。また翌日には小松製作所の関係者の家に火炎瓶を投げ込み乗用車を全焼させている。
吹田事件 一九五二年 （昭和二十七年） 六月二十五日	朝鮮軍需物資輸送の拠点である大阪の国鉄吹田操車場を朝鮮人、日共戦闘部隊を含む千数百名の武装デモ隊が襲撃、火炎瓶を投擲する。

そこで、民戦は解散ということになりますが、その解散式と朝鮮総連の結成大会が行われたのが同じ浅草公会堂。つながっているのは一目瞭然で、公安調査庁では、朝鮮総連というのは、暴力主義的破壊活動を行っていた民戦・祖防の継承団体だということで、破防法の調査対象団体になっているんですよ。

日韓関係の本質は日米韓問題

菅沼　大方の流れを追うとそうなります。ただ、戦後の在日朝鮮人運動というものに関していえば、ＧＨＱの対日政策がものすごく大きな影響を及ぼしていることは事実です。していいえば、それは現在の日韓関係にも言える。だから、日韓関係と一口に言っても、必ずそこにはアメリカの思惑が作用しているし、

日米韓の問題であるという視点も忘れてはならない。

――アメリカとしては、反共のラインとして日韓は連携してもらわなければ困るけど、あまり緊密になられても困る。極東における主導権は日本ではなく常に自分が握っていなければいけない。日韓に関していえば、ケンカしない程度に適度にいがみ合っていてほしいわけですね。戦後の韓国の反日もアメリカの思惑が作用している。すさまじい反日政策で知られた李承晩《イ・スンマン》からして、アメリカ子飼いの人物です。

菅沼　アメリカは竹島が日本の領土であることは百も承知です。サンフランシスコ講和条約の締結にあたって竹島を韓国領土であることを認めて欲しいという韓国側の要望に対し、当時の米国国務次官補ディーン・ラスクが書簡で「一九〇五年以降島根県の管轄下にある」と明確に回答している。いわゆるラスク書簡（一九五一年）です。しかし、現実的には、アメリカはこの問題を放置したままでしょう。日韓が一体になられることは、アメリカにとって決して望ましいことではない。

――戦後、当時、第三国人と言われた朝鮮人が闇市を牛耳り、暴虐の限りを尽くしていたのをGHQはある程度、見逃していた感があります。

菅沼　それが米国、というか欧米人が、有色人種を支配するときのやり方。たとえば英国がインドで、あるいはビルマで、あるいはマレーシアでやったのはなにかというと、ディバイド・アンド・ルール——分割して統治する。あるいは逆に言うと、ディバイド・アンド・コンカーとも言える。分断して征服する。

——マレーシアを支配するときは、インド人や華僑を入植させ、彼らに統治させる、そうすることで、被支配者のマレー人の怨嗟は宗主国であるイギリスにではなく、直接の抑圧者であるインド人や華僑に向かうわけですから。アフリカでは部族間の対立を巧みに（統治に）利用する。実に狡猾なやり方だと思います。日本は朝鮮でも台湾でも直接統治でした。

菅沼　それと同じことを戦後、東アジアでもやろうとしている。要するに、日本を二度と立ち上がれないようにする。どういうことかというと、アジアの覇権国家として二度と台頭しないように抑えるということです。何もそれは、政治的、軍事的な関係ばかりじゃない。経済的にもそうなんですよ。

アメリカの強い要望により締結された日韓基本条約で韓国は計り知れない経済援助、技術援助を日本から受けた。その結果韓国の産業は発展し、家電や自動車は日本を追い越している。しかし見てごらんなさい。韓国の産業はぜんぶ日本のコピーじゃない。

——自動車、家電、造船、製鉄、通信、みなそうです。日本はどうして、虎の子の技術を提供して、将来の商売仇に育て上げたのだろうと疑問に思っていました。お人よしにもほどがある。そこには日本を一人勝ちさせないためのアメリカの思惑もあったわけですね。

【解説】民団も総連もアウトローが作った

民団中央本部団長及び顧問を務めた弁護士の権逸《クォン・イル》氏は『回顧録』（権逸回顧録刊行委員会、一九八七年）の中で、敗戦後の混乱期の在日の生々しい姿を以下のように活写している。

《法はあって無きに等しく、警察は文字通り無力であった。したがって、非人道的で破廉恥な行為が平然と行われ、理性が喪失した社会のようであった。このような社会状態が醸しだしたものであるかも知れないが、左翼朝鮮人だけでなく、一般の在日同胞のなかにも、故なく威張り散らして、法を無視することが少なくなかったことは、良識ある同胞の憂慮するところであったし、私たちは見るに忍びなかった。当然のように無賃乗車する者もいたり、中には白墨で車内に『朝鮮人専用』と書いて他人が入るのを拒むことすらあった。傍若無人というほかなかった。》

左翼朝鮮人とあるのは、いうまでもなく、朝連および民戦の構成員たちのことである。

権逸氏は権藤嘉郎という日本名をもち、朝連からは親日派と名指しされた人物で、金天海支配下の朝連でリンチによる追放を経験している。また、本書にもたびたび名前の登場する町井久之（鄭建永《チョン・ゴニョン》）とも縁が深く、弁護士として、彼の合法、非合法の活動をフォローした。朴正熙軍事政権で韓国の国会議員を務めているという経歴の持ち主で、いわば、民団系在日の大物中の大物である。その彼をして、GHQ占領期の一時期、在日同胞のふるまいは「非人道的で破廉恥な行為」と映ったようである。

しかし、これら在日朝鮮・韓国人の横暴をむしろGHQはある程度許容していた。その証拠に、日本人は立ち入ることが禁じられていたPX（進駐軍用売店）に、自称「戦勝国民」の彼ら朝鮮人は比較的自由に出入りし、ここで仕入れたウィスキーや洋モクなどを法外な値段で闇市でさばき、莫大な利ザヤを得ていたのである。これは彼ら第三国人（＝third nationals。戦勝国民でも敗戦国民でもない、という意味で、当時、朝鮮人、台湾人に対し便宜上用いられた呼称）の特権のごく一部である。日本人の多くが着たきり雀の竹の子生活を送っている、その一方で、上質のスーツを着こみ、肩をいからせて闇市をわが物顔で闊歩する朝鮮人も珍しくなかったのだ。

権氏は続ける。

《顧みると、当時のこのような行動は、長い間抑圧されてきた者の自然発生的な反発感から出たものであり、またそれらの者たちにとって感情的には痛快感が得られたかもしれないが、このような行為は敗戦で萎縮した日本人の胸に、朝鮮人に対する憎悪感を植えつける要因になったのではないだろうか。加えて、朝連と建青の絶え間ない抗争は、この憎悪感を増幅させた上、新たな軽蔑感を生じさせたのではなかろうか。》

おそらく、いまもある日本人と在日韓国・朝鮮人との間の心情的な〝しこり〟はこの時代に作られたものであり、その責任の一端はアメリカにもあったのである。解放後の台湾に、蔣介石を投げ込み間接支配させたのもまさにこのやり方で、台湾では、現在も本省人（台湾人）と外省人（中国人）の対立は根深い。

金天海一派に牛耳られ日本共産党の別働隊の色合いの強かった朝連だが、両者を結びつけたのは純粋なイデオロギーばかりではなかった。実質、当時、合法政党として再スタートしたばかりの日本共産党を経済的に支えていたのは朝連だったのだ。では、その朝連の資金源はどこにあったのか。金賛汀《キム・チャンジャン》著『朝鮮総連』（新潮新書、二〇〇四年）に興味深い記述がある。

《最初に朝連の活動を支えた資金は親日団体「一心会」が集めた資金である。一心会は、太平洋戦争の末期、米軍の空襲が激しくなってきた時期、日本の戦争勝利のために日本軍航空隊の地下飛行場を埼玉高麗神社近くに建設しようと結成された在日朝鮮人の対日戦争協力団体である。》

金氏によれば、戦中、一心会が在日同胞から集めた募金の総額は約六百万円で、そのうち建設会社に支払われた費用を除いても戦後百五十万円は残ったはずで、それをそっくり朝連が没収し活動資金にしていたという。大学卒の初任給は三千円の時代である。

さらに、朝連結成時、資産のある会員に親日派、対日協力者のレッテルを貼り、粛清をちらつかせて恫喝まがいに募った多額の寄付金が、昭和二十年から二十一年の間に二千五百万円に及んだという。戦後間もない時期の在日朝鮮人といえば、貧しい集落に身を寄せ、鉄くず拾いと廃品回収、あるいは炭坑労働でその日の糧を得ていた、というイメージがあるが、実をいえば、闇市成金も含め、彼らの中にも富める者もたくさんいたのである。もっといえば、在日朝鮮人も勝ち組と負け組に分かれていたのだ。

朝連の資金源はそれだけではなかった。

《最大の財源になったのは帰還していく強制労働者の未払い賃金等であった。一九四六年末までに朝連中央労働部長名で強制連行者を雇用していた日本の各企業に未払い賃金の請求が出された。その請求額が四三六六万円に達し、朝連はかなりの金額を企業から徴収し、それらのほとんどは強制連行者の手には渡らず朝連の活動資金に廻された。》（前出『朝鮮総連』）

現在でも韓国側はことあるごとに、当時日本人であった韓国人の戦時徴用者の未払い賃金を問題視し、日本政府や企業に支払いを求めてくるが、これに対し日本側は日韓基本条約ですべて解決済みであるという態度を崩していない。これはこれで正しいのであるが、金氏の記述を信じるのなら、一九六五年（昭和四十年）の日韓基本条約を待つまでもなく、在日本朝鮮人連盟がそのほとんどを回収し（ここでも企業に対し恫喝的な請求があったものと推測される）自分たちの金庫に納めていたことになる。そして、それら朝連の潤沢な活動資金の恩恵を受けていたのが、日本共産党なのだ。当然ながら、韓国側が徴用者の未払い賃金を問題にするならば、請求先は日本政府や企業ではなく、朝連の後継団体である朝鮮総連及び日本共産党にしてもらいたいものである。

（但馬）

二章　在日ヤクザの真相

ものすごい地域差別を受けた全羅道が韓国ヤクザの名産地

菅沼　そういうわけで、日韓関係といってもアメリカが背後にあることを前提に見なければいけないし、決して一筋縄で語れるものではないのです。まして南北問題などはとても複雑です。在日社会も同じで、総連＝共産主義、民団＝民族主義、右翼と、単純に色分けもできない。

一例を挙げると、朝連時代、闘士として名を売った中村日出夫（姜昌秀《カン・チャンス》）という空手家がいます。

――拳道会空手の創始者ですよね。中村先生が先年九十九歳で亡くなられたとき、菅沼先生が拳道会の顧問をなさっていることを知り驚きました。

菅沼　この人は平壌の出身ですが、もともとの本籍は全羅道です。ご承知のとおり、韓国はいまでも地域差別が激しくて、全羅南北道は非常に差別されている。それ以上に差別されているのが済州島。その済州島も昔は全羅南道済州郡と呼ばれ、全羅南道の一部でした。在日韓国・朝鮮人の多くが全羅道及び済州島にルーツを置く人たちです。伝統的に腕っぷしの利く勇ましいのは全羅道の連中で、ヤクザも多い。

ヤクザになる人っていうのはだいたい日本でも同和か在日の人たちです。要するに差別されている中で堂々と生きるためにはヤクザにならなければいけないと。韓国ヤクザの名産地が全羅道で（笑）。

中村氏は平壌で育って、戦争中、京都にあった大日本武徳会の武道専門学校（武専）に留学してきたわけです。そこで実戦空手――よくある型《かた》中心のスポーツの空手じゃない、武道としての空手道――というのを身につけた。武専ね、あそこは一言でいうと、人を殺すための武道を教えていたところなのです。柔道にしても、空手にしても、むろん真剣を使う剣道は当然だけれど、武道というものは本来、人を殺すためのものです。中村氏はその殺人術である武道空手を修めた人です。拳道会の空手はその流れを汲んだ、負ければ死、という究極の空手なのです。

武専を卒業後、彼は陸軍中野学校の二俣分校で空手の指導教官をしていました。中野学校はスパイの養成学校として知られていますが、諜報工作員の教育を行っていたのは主に中野本校のほうで、二俣の分校はゲリラ作戦の戦士の養成を主としていた。米軍が本土を占領した場合、ゲリラ戦を行うための。あるいは小野田（寛郎）さんがそうであるように、南方で敵に占領されたあともその地に止まり、後方攪乱を行うのが彼らの任務なのです。そのゲリラ部隊に白兵戦のための殺人空手を教えていた。それと前後して舞鶴の海軍鎮守府の海兵団でも空手を指導していたそうです。

――ルバング島に二十九年間潜伏していた小野田寛郎さんが二俣分校の出身でした。小野田さんも中村日出夫さんの指導を受けていた可能性は充分あります。

通常、玉砕は軍人の誉ですけど、中野学校の教えは「玉砕、自決はまかりならん」――、たとえ手足が無くなっても生きて生き延びて、任務を達成せよ。逆にいえば、それは玉砕する以上に過酷なことかもしれません。その代わり、中野学校は基礎学習としてあらゆることを教えたそうです。正体を隠して市井の人に紛れ込まなくてはいけませんから。小野田さんが帰国後、ブラジルで現地女性に所望され、知るはずもないサンバをみごとに踊ってみせたのが話題になりましたが、おそらくダンスの素養は中野学校で身につけたものでしょうね。

対南赤化革命戦士も日本で養成していた

菅沼　終戦当時、中村さんは京都の女性（日本人）と結婚していましたが、彼は敗戦のため〝日本人〟でなく朝鮮人になってしまった。第三国人という言葉ができるのはその少しあとですが。

二俣分校は静岡県にある。その向こうは山梨で、中村さんはそこに家族と住んでいた。同地で朝鮮人連盟（朝連）の活動家になりましてね。この朝連が紆余曲折を経て朝鮮総連（在日本朝鮮人総連合会）になるわけです。中村さんは朝鮮総連の中央委員で、肩書き自体は大したものではないですが、総連の中で「影の部隊」（通称・突撃部隊）という、要するに武闘派の戦士たちに空手を教えていた。朝鮮大学校出身の総連エリートの中にも中村さんの愛弟子がたいへん多かった。

――当時、反共の立場にいる在日韓国人は建青（朝鮮建国促進青年同盟）を結成し、朝連と抗争を繰り返していました。この建青は民団（在日本大韓民国民団）の前身ですね。朝連内に武闘派を作ったのは、対民団の抗争のため？

菅沼　秘密工作員、要するに革命戦士の養成です。対南赤化革命用の工作員というのは、まず志操堅固でなくてはいけない。さりとて頭でっかちなだけではダメで、文武両道であらねばならない。その武の部分を中村さんが叩き込んだのです。いざ、南（韓国）で革命ののろしが上がったとき、在日からも戦士を送り込むということを考えていた。七〇年代まではそれが、北朝鮮の方針でした。

その一方で、邦人拉致も始まるわけです。南に送り込む工作員を〝日本人〟に仕立て上げるための。

――八七年の大韓航空爆破事件の犯人・金賢姫《キム・ヒョンヒ》の教育係「李恩恵《リ・ウネ》」が日本人・田口八重子さんであると言われています。

菅沼　完全に〝日本人〟になりきるためには子供時代から徹底的に仕込まなければならない。しゃべったときの日本語のアクセントやクセ、所作やちょっとしたリアクションでニセモノだとバレますから。しかし日本人になりすました北朝鮮のスパイを見抜くのは簡単で、身体検査で裸にすればいいらしい。ツギの当たっているようなパンツを穿《は》くような日本人はいないと。

――いくら着飾っていても、下着でバレる。目に見えるところだけ重視するというのが、いかにも彼らしいですね。

菅沼　もっとも、八〇年代を境に北朝鮮も方針を転換させて、工作員を紛れ込ませて武力で攪乱させるようなやり方は取らなくなった。そういう荒っぽいやり方を〝パルチザン方式〟といい、いまの北朝鮮が進めているのが〝ゾルゲ方式〟。深く静かに韓国に入って、次々と韓国政財界の大物を北の協力者にしていくやり方です。

児玉誉士夫、町井久之も一目置いた中村日出夫の生き様

菅沼　中村日出夫に話を戻すと、プロレスラーの力道山（金信洛《キム・シルラク》）、彼に空手チョップのアドバイスをしたのも中村さんだといわれています。力道山は、北朝鮮の出身でしょ。それから当時、交友のあった同胞といえば、やはり空手の大山倍達《ますたつ》（崔永宜《チェ・ヨンイ》）。彼と中村は兄弟弟子のような関係です。

平壌の愛国烈士陵にある中村日出夫（姜昌秀）の墓。

——大山さんはいまいった、朝連と敵対関係にあった建青の戦闘隊長のような立場でしたね。一人で鉄パイプ持った朝連の戦闘員十数人を叩きのめしたという武勇伝も残っているようです。敵対組織ということで、中村さんと抗争するようなことはなかったのですか。

菅沼　それはない。もとはひとつ（朝連）だったから。同じ朝鮮人だから。それから、本当に強い者同士は直接ぶつからない。

——中村さんは共産主義に共鳴して朝連に参加したのです

の。

菅沼　思想的なものというよりも、純粋に祖国愛、郷土愛ですよ、平壌出身者としての。終生、金日成に対する敬慕の念は強かったようだけどね。まあ、本人の心の中まではわからないけれど。

永年の功績を讃えられて、中村さんの遺骨は北朝鮮の愛国烈士陵に埋葬されています。肩書きは「総連拳道研究院初代院長」です。

空手家・中村日出夫がいかに強かったかという逸話がある。彼が山梨にいたとき、どこかの駅で、東声会のメンバー数人に因縁をつけられた。当時は時代が荒んでいたから、ヤクザ同士だってナイフを出す。それを中村さんはパパパーンとのしちゃった。必殺の空手でね。やられた二人は瀕死の重傷で病院に担ぎ込まれたんです。残りの仲間はみんな逃げちゃった。それだけでもすごい話だけど、中村さんは自分のやっつけた相手の見舞いに行く。相手は東声会のヤクザです。病院に行くと、東声会の連中がズラーと並んでみな殺気走っている。むろん警察も来ている。そこを堂々と入って行って、お見舞いのお金だといって、札束をバンと置いて帰ってきちゃった。

これを聞いた東声会の会長・町井久之（鄭建永《チョン・ゴニョン》）が感嘆した、これは大した人物だと。それで、「中村先生、どうか東声会の顧問になってください」と言ってきた。中村さんは一言、「ヤクザの顧問などなれるか！」と啖呵を切ったというんだよ。その後もね、いろんな在日ヤクザが顧問や相談役になってくれと言ってきたけれど、全部断ってきたそうです。民団系のヤクザも中村さんには頭が上がらなかった。

御存じのように、町井は児玉誉士夫と大変親しくしていました。児玉は町井を通して韓国と深くつながっていた。その児玉でさえ、中村日出夫には一目も二目も置いていました。たとえば、民団系のやつらに不穏な空気があるでしょ。朝鮮総連に殴り込みかけるとか、なんとか、それを察知して中村が児玉に電話で一言「おい、何とかせい」といえば、ぴたりと止まるんだから。朝鮮総連に誰一人手を出せなかった。

――右翼と呼ばれた児玉誉士夫が朝鮮総連の中村日出夫ともつながっていたのですか。初めて知りました。

菅沼　そういうのは、やはり軍隊のつながりだろうね。児玉は海軍の嘱託として財をなしたわけだから。児玉の親分は、特攻隊の生みの親である大西瀧治郎です。中村は先も申しましたとおり、陸海軍で空手の教官をやっていた。軍人というつながりは、われわれが想像する以上のものがあります。

——ところで、いよいよ、町井久之の登場ですね（笑）。

石原莞爾の「五族協和」に共鳴した町井久之

東声会というヤクザ組織の会長で実業家、民団の幹部でもあった人物です。戦後の裏面史を語る上で彼の名前は欠かせない。ある意味、日韓基本条約締結の陰の立役者ともいっていい人です。ご本人はヤクザと呼ばれることを嫌って、東声会のことを反共団体と称していたらしいですが。

菅沼　町井久之という人は、もともと石原莞爾の東亜連盟の思想に共鳴していた。その思想を簡単にいえば、五族協和。満州国というのは石原さんや板垣征四郎が中心になって作ったわけだけど、彼らの理念は決して日本の傀儡国というものではなく、満州国皇帝を頂いて、満州人、漢人、モンゴル人、朝鮮人、そして日本人の五つの民族が仲良く団結し、西洋列強のアジア侵略に対抗しようというものです。

その後、石原莞爾は東条英機に睨まれて京都の師団長に左遷されたわけですが、そこも

石原莞爾。陸軍中将。満州事変を引き起こした策謀家でもあった。彼に思想的影響を受けた中国、朝鮮人インテリも少なくない。戦前の右翼思想家の多くがそうであるように彼もまた日蓮宗の信徒であった。

曺寧柱。空手家。　初代・大韓民国居留民団代表。有名な滝沢事件（滝川幸辰京大教授が思想的な問題で大学をパージされた事件）に連座し京都帝大を中退後、立命館大学で石原の薫陶を受ける。日蓮宗の僧籍にもあった。

解任され退役し、立命館大学で国防学研究所を作って所長となって、東亜連盟の運動に専心することになります。

――現在はどうか知りませんが、戦前の立命館は硬派で非常に保守的な学風があったといわれます。

剛柔流空手の達人で大山倍達の直接の師匠に当たる曺寧柱《チョ・ニョンジュ》氏も当時、立命館の学生で東亜連盟のメンバーだった。戦後は在日本大韓青年団（現・在日韓国青年同盟）の団長を務めています。東京裁判の証人として呼ばれた病床の石原をリアカーで酒田の出張法廷まで運んだのが、曺氏と大山氏だそうです。ちなみに曺氏は大山氏の日本名の「倍達」の名づけ親で、むろん朝鮮の雅名である倍達《ペダル》国に由来するんでしょうけど。

「ヤクザか総連かヘップ屋になるしかない」

菅沼　そう。当時の立命館はね、石原莞爾の薫陶を受ける人が多かった。

――日本の右翼を名乗る政治団体の構成員には在日韓国人も少なくないようですが、先生のお話を伺っていて、いわゆる任俠右翼、右翼標榜暴力団とはまた別の流れもあるような気がします。在日の民族主義者と日本の右翼思想を結びつけるルーツは石原莞爾の思想にあったのかもしれません。それから、空手の先生にも実は在日という人が多いんです。

菅沼　多いね。戦争が終わり、いろいろなものが様変わりするわけです。敗戦のどさくさで、第三国人と呼ばれ、闇市を仕切る朝鮮人が出てくる。それに対抗するやつもいる。そういう形で、北ではない韓国系の人間の多くはヤクザの道を選びます。民団の顧問だった韓禄春《ハン・ロクチュン》（日本名・田中禄春）も堂々とこう言った、「私はヤクザだった」と。大阪民団の大物中の大物がね。

韓禄春と大阪民団の長年の団長・黄七福《ファン・チルボク》のふたりはもともと江原道の出身で兄弟のような関係にあった。大阪ミナミにマンモスキャバレー（「ヴィーナス」「富士」「キング」）を開いていたんだけれど、地回りとのもめごとが絶えなくて、その縁で山口組の舎弟になった。そういう人たちが民団の幹部になっていく。黄七福に「なんでヤクザなんだよ」とたずねると、「ヤクザにならないとヤクザにやられる」と言っていた。要するに腕力に頼らないと商売もできない現実があった。

日韓条約締結に際して活躍した在日の人たちもみんな戦後ヤクザとして出発しているわけです。彼らからすれば、生きるためだと。関西の在日に言わせると、ヤクザになるか、総連に入るか、それともヘップ屋か、俺たちにはそれしか道はなかったという。ヤクザというのは即ち民団です。もう少し学のあるやつは総連に入ってね、これらがまあ、勝ち組。残りがヘップ屋。サンダル（つっかけ）をヘップといったんです。要するに、サンダルを作る零細工場の労働者、これが一番うだつが上がらない。関西の履物工場は在日が多い。ヘップ屋で終わりたくなければ、ヤクザか総連になれということです。

ＫＣＩＡは対日工作の第一の手先として民団の幹部を使った。つまり、ヤクザを使ったということになる。これが、児玉誉士夫とつながるわけだ。

【解説】在日とはコネクションである

在日朝鮮・韓国人を題材にした文芸作品は数多い。そこに描かれるのは、多くの場合、差別や貧困と戦いながら健気に生きるアボジ、オモニといった、ステレオタイプ化した在日像である。そのせいか、在日同士が朝連＝民戦と建青＝民団とに分かれ血で血を洗う抗争をくり広げていた歴史について、現在では表立って語られることがほとんどない。ある意味とてもエキサイティングな史実であり、小説・劇映画にはもってこいの題材なだけに、残念なことである。

両者の反目は朝連結成時に始まる。一九四六年（昭和二十一年）二月、朝連の第二回臨時全国大会に、町井久之率いる建青メンバーが乱入、朝連側と乱闘、このとき建青側の鄭哲《チョン・チョル》の撃った銃弾が朝連の青年の腹部を貫通している。

翌三月、建青に対抗すべく、朝連も傘下の青年斬り込み部隊として在日朝鮮民主青年同盟を結成、同組織の略称名が「民青」（現在・在日本朝鮮青年同盟「朝青」）。

この年の夏には、民青メンバー百人が拳銃や日本刀で武装、トラック三台に分乗し、川崎市四谷建青支所を襲撃するという事件を起こしている。その後も抗争はエスカレートする一方で、一九四五年から一九五二年（昭和二十七年）までの間で両団体間の暴力抗争は、三五三件に及び、五二年だけで七十五名の死傷者を出しているという。

この抗争で武功を挙げた二人の在日空手家の名前が本文中に出てくる。総連側が中村日出夫で、建青側が大山倍達である。

小島一志・塚本佳子著『大山倍達正伝』（新潮社、二〇〇六年）は、建青活動家時代の大山に斬り込んだ現在のところ唯一の評伝といえる。この中で、大山ら建青のメンバーが、出獄前の朴烈《パク・ヨル》の東京杉並の家に寄宿していたという記述が目を引いた。

朴烈は大正時代の無政府主義者。大正十二年九月、関東大震災の混乱の中、大逆事件を企てたというかど（事実であるかは定かではない）で愛人だった日本人女性・金子文子ともども検挙されている。朴は獄中で思想転向（文子は獄中死）し、戦後は反共主義として新朝鮮建設同盟を結成して委員長となり、次いで在日本朝鮮居留民団（現・在日本大韓民国民団）の初代団長に収まっている。この頃、朴烈は建青メンバーとはからい金天海《キム・チョンヘ》暗殺を計画していたという。一九四九年（昭和二十四年）に韓国に帰国。翌年、朝鮮戦争のどさくさで拉致され、北朝鮮で思想改造を受けたものの、のちに粛清されたとも伝わっている。

片や共産主義者（金天海）、片や転向アナーキスト（朴烈）。朝連も民団も、戦前戦中投獄を経験した思想的アウトローをトップに頂く暴力集団としてスタートしたのである。

本文中、空手家に在日が多いという話題もでてくるが、実にこれもまたGHQによる第三国人特権と微妙にリンクする。戦後、GHQが日本に民主主義と表現の自由をもたらしてくれたという〝神話〟がまかり通っているが、これは明らかな虚構である。GHQの行った言論統制、表現に対する干渉は、翼賛体制時代のそれと決してひけを取るものではなかった。彼らは、戦前の発行物一万余書を焚書にし、新聞雑誌をすべて検閲した。武断主義を煽るとして、学校の体育教科から武道を排除し、チャンバラ映画さえこれを禁止したのだ。そのあおりを食って、柔剣道の町道場は廃業を余儀なくされている。
しかし、武道を禁じられたのはあくまで日本人であって、自称・戦勝国人である第三国人にこれは適用されなかった。敗戦の年である一九四五年（昭和二十年）の十月、東京九段に韓国人・尹曦炳《ユン・ヒビョン》を館長とする韓武館なる空手道場がオープンしている。韓武館には大山倍達や曺寧柱ら多くの在日空手家がつどう一方、廃業した剣道場から払い下げた胴、小手などの防具を着用しての防具付組手の研究も積極的に行われていた。現在の空手の発展に在日空手家の果たした役割も確かに大きいのである。

「ヤクザか総連かヘップ屋か」というフレーズはかなり辛辣で自虐的な響きがあるようで、戦後在日の置かれた状況を上手く表現している。ヘップとは一説によると、ヘップバーン・サンダルのことで、映画『ローマの休日』でオードリー・ヘップバーンが履いていたから、そう呼ばれるのだという。ここでは、手工業など個人商店主の総称と思っていただきたい。いわゆる「差別と貧困と戦う健気な在日」のイメージはこのヘップ屋に集約されることだろう。繰り返しになるが、彼らが「健気な在日」を生きるその裏舞台では、同胞たちの血しぶきを上げた抗争が続いていたのである。

むろん、ヘップ屋（家内産業）から立身出世を遂げた在日も存在する。最近何かとお騒がせのロッテ・グループの総帥・重光武雄（辛格浩《シン・キョクホ》）はその代表格だろう。一介のガム売りから身を起こし、一代で同グループを韓国五大財閥のひとつにまで育て上げている。新しい例でいうなら、ソフトバンクの創業者・孫正義もこれに入る。ともに本業以外にプロ野球チームのオーナーというところも共通している。球団オーナーという肩書きは、日本人の想像以上にアメリカの経済界ではモノをいう。まさに彼らは在日を代表するセレブなのである。

重光も孫も正業で成功した在日であり、あくまで堅気ではあるが、しかし、彼らが在日のアウトロー社会や本国の情報機関とは無縁だったか、と問われれば、これもノーだろう。事実、重光は、町井久之やこれものちほど登場する李厚洛《イ・フラク》KCIA部長とも懇意な関係にあった。むろん、本書はそういった関係を非難するものではない。また、そういう関係性を全否定してしまうことは、在日という存在を見えにくくしてしまうと主張するものである。在日ヤクザやアウトローと「差別や貧困と戦いながら健気に生きるアボジ、オモニ」は、決して遠心分離機にかけたようにきれいに分かれるものでもないのである。

在日とは何か。それは特定の個人やグループを指す言葉ではない。在日とは、エスニックという名のコネクションをいうのだ。

（但馬）

三章　日韓基本条約の内幕

日韓基本条約裏の交渉人、児玉誉士夫と矢次一夫

菅沼　一九六五年（昭和四十年）六月に日韓基本条約が締結されますが、その前段の交渉だけで十四年間かかっています。この交渉の裏で動いた日本側の大物が二人いる。一人はよく知られた児玉誉士夫。もう一人が矢次一夫。矢次一夫については児玉ほど一般で語られる機会は少ないので、まず彼についてお話ししましょう。

そもそも日韓交渉における懸案というのは、竹島問題、もっと正確にいえば、漁業問題だった。一九五二年（昭和二十七年）一月、マッカーサー・ライン廃止を目前に、時の李承晩《イ・スンマン》大韓民国大統領が日本海に勝手に軍事境界線を引いた。いわゆる李承晩ラインです。彼らはこのラインを根拠に、いまもって竹島を自分たちの領土と言い張って返さない。それればかりか、このライン近くで操業していた日本の漁民が、韓国の国境警備艇に銃撃、拿

捕される事件が頻繁に起こっていた。一番、被害にあったのは先祖代々この付近を漁場にしていた山口県の漁師さんたちでした。これはいかんということで、当時の総理大臣、山口出身の岸信介さんが李承晩に密使を送った。その密使を務めたのが矢次一夫。これをきっかけに日韓交渉が始まるわけです。

矢次一夫。戦時中は国策研究会を組織。大政翼賛会を動かしていた。日韓だけでなく日朝貿易に関しても利権を握っていたという。

矢次は佐賀県出身で、小学校しか出ていない男ですけれど、家出してヤクザや保安労働者をしているうちに労働運動にかかわるようになり、調停役として才を発揮しました。その過程で陸軍と緊密な関係を築いていく。おそらくは、軍務局から活動費という名目でいろいろとおカネをもらっていたんでしょう。

第二次近衛内閣のとき、岸さんは商工次官になります。その時の商工大臣が阪急グループの創始者として知られる小林一三でした。小林氏と岸次官が対立し、岸さんは軍の力を背景に小林をクビにしたものの、自分自身も満州に左遷させられ満州国の総務長官に就くわけです。そのとき矢次も満州にいて、軍の手足として働いていた。当時から岸信介と非常に近い関係にあったわけです、矢次一夫は。

児玉誉士夫が海軍のための物資調達で財をなしたのと同じように、矢次一夫は陸軍の物資調達で大儲けした。特に戦後、それら隠匿物資が巨万の富に化けた。

岸さんの家は渋谷の南平台にあってね、その近所に矢次も住んでいた。岸さんがA級戦犯として巣鴨に入っているとき、残された（岸家の）家族を経済的に支えたのは矢次一夫だったのです。そんなわけで岸と矢次は刎頸《ふんけい》の友だった。一九五五年（昭和三十年）、民主党と自由党の「保守合同」で自由民主党が誕生すると、岸さんは初代幹事長となります。それを機に、矢次一夫も政界により深く食い込んでいくことになる。

――矢次一夫は「昭和の怪物」などというニックネームがありますね。一方の岸信介は「昭和の妖怪」。怪物と妖怪のコンビというのも強烈な感じがします。

インドネシアでの「賠償ビジネス」を韓国でも

菅沼　戦後、最初に矢次が手腕を発揮するのが、対インドネシアの賠償問題です。木下産商の木下茂や東日貿易の久保正雄といった賠償利権の政商たちを陰で動かしていたのが矢次一夫だった。赤坂コパカバーナのホステスだったデヴィ（根本七保子）をスカルノに引き合わせたのが久保でした。実はスカルノ自身の本当のお目当てはニューラテンクォーターにいた別のホステスで、たまたまその女性が（スカルノのもとに）行けなくて、デヴィは代打だったという話も聞いている。まあ、でもそれで、スカルノがぞっこんデヴィを気に入っちゃったのは確かなようだけれども。

——当時のゴシップ記事などを見ますと、日本政界の意を受けて、対インドネシアの賠償を割引してもらうためにデヴィさんを人身御供に差し出したとも読めるのですが。

菅沼　そんなことはない。女なんかで賠償をまけてもらえるわけはないよ。すべては、（久保が）スカルノに自分の会社を（建設や船舶購入の）指名してもらうためです。日本政府からインドネシアに支払われた巨額の賠償金（当時の金額で八〇三億円相当）は、それらの日本企業に還流される仕組みになっていた。スカルノ本人にもさまざまな名目で金が行っていたはずです。インドネシア政府とは別口に彼の口座へとね。

——インドネシア建国の父もおカネには目がなかった？

菅沼　愚問（笑）。会って話をするだけでもカネは要るんだから。東南アジア、中東の要人はみんなそう。日本の政治家だけですよ、タダでもいいからしゃべらせろというのは。

ＩＳＩＬ（イスラム国）に拉致されて殺されたジャーナリストの後藤健二くんも現地で取材するのにもいろいろおカネがかかると言っていた。砂漠の遊牧民でさえ、カネを払わなければ何もしゃべってくれない。スカルノには相当おカネが行っているはずです。でも、その何百倍も返ってくるわけだ。それも全部日本政府から出ている。

——いわゆるヒモ付き援助というやつですね。一九五八年（昭和三十三年）、岸・スカルノの間で結ばれた契約では、毎年二千万ドル相当を「現物」で支払う約束だったといわれています。ジープなどの警察車両が千台（八百万ドル相当）を手始めに、紡績工場プラント、デパート、テレビ局設備など。これ全部、日本の自動車メーカーや建設会社、商社が受注するわけだから、まさしく「賠償ビジネス」といっていい。

菅沼　それを今度は韓国でやろうということですよ。インドネシアの賠償交渉の裏で動いた人たちが、日韓交渉に際しても働きかけていた。けれど、実質的に日韓条約を裏で操っていたのはアメリカです。

北朝鮮の新義州は三井金属が作った

——一九五一年（昭和二十六年）九月のサンフランシスコ講和条約調印の翌月にはシーボルド連合軍外交局長が仲介人となって日韓の予備交渉が行われていますね。当時、朝鮮戦争はまだ継続中でした。アメリカとしては、日本と韓国の手を結ばせて反共の砦を築くことが急務だったのでしょうか。

菅沼　それからね、アメリカからすれば、なぜいつまでも俺たちの税金で韓国を助けなくてはいけないんだということです。朝鮮特需で少しずつ経済を回復しつつある日本に肩代わりさせようという、彼らなりの腹があった。

というのも、終戦直後は、韓国よりも北朝鮮の方が経済的にはずっと有利だったのです。もともと重工業という基盤がありましたから。その基盤はなにかというと、併合時代、日本が作った巨大ダムであり水力発電所でした。鴨緑江のダムは当時、世界最大規模の水力発電所ですよ。アルミニウムのための。アルミの精錬工場というのは、膨大な電力を必要とする。そこのアルミニウム工場でジュラルミンを作った。ジュラルミンといえば、何だかわかる？

――飛行機ですか。

菅沼　そう。戦闘機まで製造していたんだ、北朝鮮の新義州《シニジュ》で。この新義州という街は三井金属が作ったといっても過言ではない。三井金属など三井系の企業が朝鮮総連とコネがあるのはそうした理由もあるんです。彼らにしてみれば、一日でも早く日朝国交正常化を進めて欲しくて仕方がない。

反日に狂う李承晩が山口県に亡命政府を作りたいと要請

菅沼　一方、南朝鮮（韓国）は農業地帯です。工業力でいえば、北と南では十数倍以上の開きがあった。早く韓国にも工業化してもらい経済的に自立してもらわないと、（共産勢力に）飲み込まれてしまうという危機感をつのらせていたのはアメリカも日本も同じでしょう。
　そういう状況のもと、岸さんの個人特使として矢次一夫が訪韓した。彼は日本国のパスポートで大韓民国に入国した最初の日本人になる。ところがね、李承晩大統領という人は、とにかく（反日）感情が先に立ってしまって、交渉にならんということなんだ。併合時代はさっさと亡命してしまって、日本の統治というもの――例えば、インフラを整備したとか、教育を施したというのを肌身で知らない。彼自身、李王家の血筋だとかなんだとか言っているらしいけどね、要は元両班《ヤンバン》で、日本に対する侮蔑感もあった。観念的な反日論者です。反共だけれど、その前にまず反日。アメリカはそういう男を連れてきて韓国の大統領に据えた。

李承晩とフランチェスカ夫人（右）。朝鮮戦争時、山口県に亡命受け入れを打診していた。

　戦前、総理大臣を務めた田中義一の息子で田中龍夫という、のちに通産大臣、文部大臣も務めた議員がいて、彼も岸さんとのつながりで韓国へ行くことになるのです。李承晩の夫人はオーストリア人でフランチェスカといった。田中は彼女へのお土産に御木本のパール（真珠）をもって。フランチェスカは大喜びだったそうだけどね。それでも、李承晩の胸襟を開くことはできなかった。

――田中龍夫さんは山口県知事時代、「戦前は朝鮮人より朝鮮語の上手い山口県人がいっぱいいた」という発言をしています。というのも、併合時代、朝鮮の警察の幹部は長州閥だった。警察官は地域の人とコミュニケーションを取らなければならないから、必然的に朝鮮語を覚えなければいけなかったそうです。

田中さんは一九四八年（昭和二十三年）ごろ、朝鮮半島の緊張を察知して、それら朝鮮語に長ける者たちを集め「朝鮮情報室」というのを作ったといいます。中波、短波をラジオで傍受して全部翻訳して常時、報告書を上げさせていた。朝鮮有事になれば、まっさきに難民が押し寄せてくるのが、半島とは目と鼻の先にある下関ですから、リアルな危機感がある。事実、朝鮮戦争が勃発し、韓国軍が釜山まで追いやられると李承晩は六万人を連れて山口県に亡命政府を作りたいと打診してきた。それを突っぱねたのが田中さんでした。それにしても、あれだけ反日を旗印にしていた男が、いざ、わが身が危なくなったら日本に泣きついてくる……厚顔としか言えませんよね。

菅沼　そんなものですよ。大に事《つ》くのが彼らなんだから。

朴軍事政権が日米へ使った脅しとは何か

菅沼　そうしているうちに、朴正熙《パク・チョンヒ》のクー・デター（一九六一年五月）が起こって軍事政権が誕生するわけです。韓国国内はパニックになりました。この時期、北朝鮮との経済格差は広がる一方で、韓国の地方は完全に疲弊していた。そんな折りに突然起こった革命です。

――朴正熙という人は青年時代に、二・二六事件を知って衝撃を受けたとのちに書いていますね。彼の思想と行動に多大な影響を与えたのが皇道派の将校たち。クー・デターで作った自分の政権を維新政権と呼んでいました。

菅沼　よく朴正熙を親日家というけれど、決してそう単純なものではありません。彼の経歴から見ても……。それについてはあとでくわしく触れるとして、政権を握った朴正熙の急務は、とにかく経済の立て直し。そのためにはアメリカと日本からおカネを取ることです。

そして、国際的に承認してもらうこと。革命政府ですから、政権の正統性を認めてもらわなければならない。韓国側の（日韓国交への）思惑というのははっきりしていました。このままだと共産勢力にやられて赤化してしまうぞ、それでいいのか、というのは日米に対する脅しとしても使えた。日本としても、朴政権になって、ようやく現実的な話ができるようになったのも事実です。反日に狂う李承晩が相手では話にならない。

安保条約改定を成功させ岸総理が退陣したあとの池田内閣のとき、朴正熙が初めてアメリカに行きました。そのとき、日本にも寄って池田勇人さんに会い、「（国交正常化を）何とかしていただきたい」と頼み込んだのです。その段取りを取り付けたのが児玉誉士夫。児玉と朴のパイプ役をつとめたのが町井久之だ。

自民党内をまとめた児玉の剛腕

――児玉誉士夫は、六〇年安保騒動でデモ隊が国会を取り囲むような状況のとき、岸さんの意を汲み、右翼、任俠、テキ屋を合同して反対デモのカウンターに当てた。このときは在日ヤクザの町井久之もむろん参加しているわけですけど。これをきっかけに、あくまで一般的なイメージですが、右翼もヤクザも韓国系政治団体もいっしょくたになってしまったというのは確かだと思うんです。右翼＝黒塗りの街宣車で軍歌をがなり立てる怖い人のイメージが固まってしまったわけで、その意味で功罪ありといえるかもしれません。それはともかく、児玉誉士夫はこれで岸さんや自民党に大きく貸しを作ったことになりますね。

菅沼　当時、クー・デターでできた軍事政権の親玉なんて、日本の政治家は誰も会おうとしなかった。会うにしても、鳩山一郎、石井光次郎、大野伴睦《ばんぼく》といった自民党内の派閥の領袖の意見を統一しなければ

大野伴睦。自民党副総裁。庶民派として知られ、「サルは木から落ちてもサルだけれど、代議士は選挙に落ちればただの人」などの名言？を残した。

ばいけなかった。それをひとりひとり説得して回ったのが児玉誉士夫です。中でも頑なだったのが大野伴睦。彼は戦後間もなく、朝鮮人全員送還論を訴えたので、それを根にもった在日朝鮮人に集団で襲われ前歯を折る大けがを負わされた経験もあって個人的に朝鮮人が大嫌いだった。その大野さえ、最後は折れることになった。児玉の交渉力です。

――大野さんの朝鮮人嫌いは有名だったようですね。半島出身の力道山をあれほど可愛がった人なので意外に思いました。そういえば、鳩山兄弟（由紀夫・邦夫）のおじいさんの鳩山一郎氏も終戦直後、買い出し列車を占拠する傍若無人な朝鮮人をたしなめたところ、集団で襲われ瀕死の重傷を負っています。当時はよくあった話のようですね。

その大野氏ものちに日韓交渉中の過程で「朴大統領とは親子のような間柄」とまで発言するようになりました。もっとも、これは韓国側から反発をくらいましたが。

町井久之氏といえば、当然、東声会の特別顧問だった力道山もここに絡んできます。力道山は一九六〇年（昭和三十五年）、東京赤坂にリキアパートという高級マンションをオープンさせるのですが、同マンションでは児玉＝町井ラインによる日韓要人の秘密会合がたびたび行われていたそうです。町井は力道山のヒョンニム（兄貴）でした。

日韓交渉ふたつの裏ルート

菅沼　日韓交渉の裏のルートは二つありました。韓国側の窓口でいえば、ひとつは金鍾泌《キム・ジョンピル》のルート。この人は朴正熙の維新政権で誕生したＫＣＩＡ（韓国中央情報局）の初代部長を務め、朴大統領の懐刀だった人物です。のちに総理大臣も務め、現在も存命しています。彼の夫人は朴正熙の姪、つまり朴槿恵《パク・クネ》とは従姉妹。朴家とは姻戚関係になる。この金鍾泌と児玉のライン、むろん、これをつなげたのも、あなたがいま言った町井久之です。

岸信介と金鍾泌KCIA初代部長。自民党と朴軍事政権の関係を指してマスコミは「日韓癒着」とたびたび書き立てた。

――金鍾泌氏も九十歳近いですか。最近、久々に名前を聞いたと思ったら、中央日報のインタビューで「慰安婦の連行をこの目で見た。日韓交渉で慰安婦問題を取り上げなかったのは武士の情だ」だそうで。一体、何を見たのでしょうね（笑）。

この人は朴正熙の側近中の側近でありながら、その後の金泳三《キム・ヨンサム》政権や朴正熙とは政敵の関係にあった金大中《キム・デジュン》の政権でも重要なポストについていています。韓国では前の政権の中枢にいた者は閑職に追いやられるか、悪くすれば投獄されることも珍しくないということを考えれば、ＫＣＩＡ初代部長の肩書きと実績がモノをいったのか、それともこの人の処世術が

左から盧泰愚（ノ・テウ）韓国大統領（第13代）、町井久之（鄭建永）、松山眞一（曺圭化/極東会会長）。町井は韓国、在日裏社会、自民党をつなぐ重要人物。

巧みだったのか……。

菅沼　三金（金鍾泌、金泳三、金大中）時代と呼ばれていたよ。それでもこの人は全斗煥《チョン・ドファン》の時代にはずいぶんと冷や飯を食わされた。彼は忠清南道の出身なんです。忠清道の人は一般的におっとりとして粘り腰といわれている。よく笑い話のネタにされるぐらい。調整型の政治家としては必要とされていたんじゃないか。そこが彼の政治的生命力の強さと言っていいかもしれない。

——三金の中で大統領になっていないのはこの人だけですね。№2か3でい続けることの方が大変かつ、うまみがあるともいえますね。

菅沼　話を戻すと、まず、金鍾泌＝町井＝児玉のライン。あともうひとつが、これも後にKCIAの部長になりますが、当時大統領府秘書室長だった李厚洛《イ・フラク》という人物。この李厚洛が岸（信介）さんとつながり、矢次一夫につながる。

　ついでに申しておきますと、大統領府秘書室長というのは首相と同等クラス、それほどの権力をもっているポストなのです。朴槿恵大統領の新しい大統領府秘書室長の李丙琪《イ・ビョンギ》にしても、この人は元駐日大使で日本語もしゃべれる。国家情報院（旧KCIA）の院長も務めた男です。

「特攻」の生みの親・大西瀧治郎と児玉

菅沼　先ほど日韓にはいま、チャンネルというか裏のパイプがないとおっしゃったでしょう。確かに、いまは矢次や児玉のような、フィクサーと呼ばれる存在がいない。漢と書いて「おとこ」がいない。昔でいうところの壮士……国士はちょっとオーバーかもしれないが、任侠というのかな。民間人でありながら、国のために、裏仕事、汚れ仕事を引き受けるという、そういう人が。外務省のお役人ではダメです、彼らは決まったことしかできない。いまの日朝関係もそう。拉致問題だってぜんぜん動いていないでしょう。北朝鮮と通じていて裏仕事ができる人材がいないんだ。

児玉誉士夫。戦時中は大陸で児玉機関として暗躍。彼なしには日韓基本条約締結はなかったかもしれない。最晩年、CIAのエージェントであることを告白している。

もちろん、矢次にしても児玉にしても利権は握っていました。懐に入れたおカネは億なんてものじゃないだろう。おカネは力だからね。人を動かすにもカネがいる。かといって、彼らがすべてカネ、カネ、カネの男だったとは思えない。児玉誉士夫と大西瀧治郎中将の関係を見てもそうです。

――大西瀧治郎、特攻の生みの親としてあまりにも有名な海軍中将。児玉氏の後ろ盾だった人です。

菅沼　大西中将、その最期がすさまじい。……八月十五日。その日、大西瀧治郎閣下は海軍軍令部の次長室で終戦の詔勅を聞いたあと、夕方、渋谷南平台の官舎に帰って、一升瓶を下げて近所にあった矢次一夫の家を訪れているんです。矢次と深夜まで何番か将棋を指し、全敗したあと再び官舎に戻って五通の遺書をしたためた。うち一通が児玉誉士夫、一通は矢次一夫宛てでした。この遺書はもう残ってないんだけどね。児玉や矢次が燃やしてしまったかもしれませんが。

もう夜が更けて、十六日になっていた。空襲警報が鳴ってね――十五日以後も空襲はあったんですよ――灯火管制になった。それでも、大西中将の部屋だけは灯りが消えないんだ。当時、夫人はまだ疎開先の尾瀬にいましたから、中将のお世話は当番兵が見ていた。不審に思った当番兵が部屋に入ると、白い布を引いたその上で割腹していたんです。血の海の中でもなお息があった。当番兵は驚いてとりあえず海軍次官に電話をした。すぐに軍医が飛んできて、ほぼ同時に駆けつけたのが児玉誉士夫です。

児玉は、「閣下、私もお供いたします！」と声をかけた。自分もすぐに腹を切るとね。大西さんは息も絶え絶えの中で、「何を言うか！」とこれを一喝したんです。「お前のような若い者が死んで何になる、これからの日本のことを考えろ！」。この一言で児玉誉士夫はわれに返った。

そして、「お前はいますぐ厚木へ行け！」。どういうことかというと、敗戦をよしとしない海軍の連中が、徹底抗戦を呼びかけ厚木飛行場に決起するという不穏な事態があった。それを諌めて来いということです。血気にはやるな、いま一番必要なのは、日本の復興だと。それで、児玉は厚木にすっ飛んでいった。

――有名な小園安名大佐の厚木航空隊事件ですね。結局、決起は失敗に終わりましたが。

ライシャワー夫妻。ライシャワー氏は宣教師の息子として東京で生まれている。

CIAマネーは児玉や矢次に流れていた

菅沼　そういったことを振り返りましてもね、児玉が私腹だけの人でないのは確かです。その後、児玉は戦犯容疑で巣鴨に収監され、釈放を条件にCIAのエージェントになったといわれているけど、それだけ彼の人脈と情報網が利用できるとアメリカも見込んだわけです。児玉の戦前戦中の活動、あるいは矢次一夫の活動というものをCIAは丹念に調べ上げていた。だから日韓基本条約の裏工作に関しても彼らが使えると踏んだわけでしょう。

というわけで、これは前にも述べましたが、日韓基本条約といっても、日韓だけの問題ではなく、日米韓の思惑が複雑に絡んでいる。というよりも、イニシアティブを握っていたのはアメリカです。経済的な問題ももちろんだけれど、日韓を反共の砦であり防波堤にすることが当時の彼らの政策であり、急務だった。

日韓交渉が本格化した当時（六〇年代初頭）、アメリカの駐日大使は（エドウィン）ライシャワーでした。児玉はしょっちゅうライシャワーのところに行っておったから。CIAの長官に関しては、ケネディ政権でそれまでの共和党のアレン・ダレスからジョン・マコーンに代ったけれど、ダレス時代に提唱された反共の砦論は継承されています。アメリカ大使館を通じてCIAのマネーが児玉や矢次に流れているはずなんだ。

――ライシャワーという人は、夫人は日本人で、日本通といわれ日本でも人気がありましたが、当たり前と言えば当たり前だけど、決してひと筋縄ではいかない人ですね。後年に、日本に米軍の核が持ち込まれていることを認める発言をした人でもあります。

菅沼　日本だけだよ、知日家、親日家なんていうと手放しで自分たちの味方だと思って喜んでいるのは。

【解説】力道山と町井久之・野望の収支決算

力道山光浩――いうまでもなく日本プロレスの父、戦後を象徴するスターのひとりであり、そして戦後最大の英雄だった男。彼が戦前の北鮮の出身であることはいまではよく知られたことである。朝鮮名は金信洛《キム・シルラク》。帰化名は百田光浩。その多彩な交友人脈がそのまま彼の人生であり、在日社会、ヤクザ、右翼、政治家、ＫＣＩＡ……それらが交わりすれ違う彼自身がまさに人間交差点であった。それは彼の兄貴分であった町井久之にも言えた。

ここでは、本インタビューではあまり語れなかった力道山と町井久之の関係などについて、少しページを割いてみたい。

もともと力道山がいた相撲界は興行を通してヤクザ世界とは深い関わりをもっていた。力道山のタニマチとして知られる新田建設、明治座社長の新田新作は元侠客で、右翼団体・関東国粋会とも近しい人物である。

町井と力道山の出会いは、力道山の秘書だった吉村義雄を通して、町井が自分の父親の還暦祝いに同胞の英雄・力道山を招待したことがきっかけだったという。その後、町井が民団傘下の在日本大韓体育会副会長の肩書きで、サッカーワールドカップ極東地区予選に出場する韓国代表チームの滞在費などの寄付を募っているのを聞いた力道山はその場で五十万のキャッシュを払っている。力道山のこの義侠が、二人の関係をより密なものにしていく。

一九五三年（昭和二十八年）七月、渡米レスラー修業を終えた力道山は帰国と同時に「日本プロレス協会」を設立。協会長に児玉誉士夫、副会長に田岡一雄ならびに町井久之が着いた。興行部門の「日本プロレス興行」社長には〝興行のドン〟と呼ばれた永田貞雄が迎えられており、これ以上ない布陣といえる。児玉誉士夫は当時、東京スポーツ新聞のオーナーでもあり、東スポとプロレスの関係はここから始まっているのである。

また、権威の象徴として設けた初代日本プロレス・コミッショナーには当時、自民党の副総裁を務めていた大野伴睦に登板願った。同コミッショナーは川島正次郎（二代目）、椎名悦三郎（三代目）と代々、自民党の副総裁が就任している。

他に大野の秘書だった中川一郎、中曽根康弘、楢橋渡、それにむろん岸信介、あるいは社会党委員長だった浅沼稲次郎と、力道山と交友のあった政治家は多い。大野から参議院選への出馬を打診されたこともあったという。

力道山は没年ともなる一九六三年（昭和三十八年）一月、韓国の正式の招待で戦後初めて祖国の土を踏む。六三年の祖国訪問では、KCIA三代目部長でのちに韓国大阪総領事（五代目）を務めることになる金在春《キム・ジェチュン》の歓待を受け、初代部長の金鍾泌には私邸にも招かれている。当時、日韓交渉の真っ最中でもあり、日本の政財界に太いパイプをもつ力道山もその裏のルートのひとつとして機能していたことの証左ではないか。

力道山入京
韓國에도「레슬링」붐
大學入學考査에미스있으면
커틀라인도再調整

力道山の祖国訪問を伝える韓国の新聞。

プロレスのスーパースターであるばかりか事業家としての力道山も異才を発揮している。いくつか例を挙げるならば、まずは、高級マンションの走りでもある赤坂のリキアパート。地上六階、地下二階、当時の最先端設備を備えたこのマンションには、田宮二郎、伴淳三郎や中曽根康弘といった有名人が居住していた。中庭にはプールがあり、夏となればそこは社交場として、数々の映画スターの姿も見られたという。最上階にある力道山邸のキッチンからはこのプールが見下ろせるよう設計されていた。また、町井久之も一時、住居兼事務所をここに設けており、銀座「秘苑」を開業する前は、日韓要人の会合やパーティにしばしば同アパートが利用されていたというのは本文にあるとおり。このアイディアは町井によるものだという。

渋谷に当時の金額で十五億円かけてオープンしたリキスポーツパレスはリキアパートと並び力道山の栄華の象徴であった。九階建て、三千人収容のプロレスの常設会場や道場の他、レストラン、ボーリング場、スポーツジム、サウナ、キャバレー、ダンスホールなどを備えた総合レジャー・ビル、娯楽の殿堂として設計されていた。屋上に巨大なネオンの王冠をいただいたそのビルは、渋谷の街並みの中でも異彩を放っていたことだろう。

力道山はその他に、ゴルフ場やサーキット場、さらに油壷に八千坪の土地を買収しヨットハーバーの建設まで計画していたといわれる。当時の日本人には映画の世界で見るしかなかったこれらのレジャーの数々はすべてアメリカ遠征中に力道山自身が現地で体験してきたものであり、「これからの日本にもぜひ必要なものばかりだ」と夫人に語っていたという。事業の多くは彼の死によって頓挫したが、もう少し長生きしてこれらのプロジェクトを成功させていれば、間違いなく力道山はやがてくる高度成長の強力な牽引車になっていたはずだ。

　力道山のこういった旺盛な事業欲は彼の死後、盟友・町井久之に乗り移ったかのように、受け継がれることになる。


　町井久之（鄭建永《チョン・ゴニョン》）は一九二三年（大正十二年）東京生まれ。戦後間もなく、朝鮮建国青年同盟東京本部副委員長として朝連、民戦と抗争を展開する一方、愚連隊・町井一家を興し銀座、赤坂を拠点に勢力を拡大、「銀座の虎」と異名をとる。一九五七年（昭和三十二年）、町井一家を母体に「東洋の声を聞く」という思いを名に込めた東声会を発足。一九六三年（昭和三十八年）、児玉誉士夫の取り持ちで三代目山口組長・田岡一雄の舎弟分となった。よく、山口組系下部組織と書かれるが、東声会自体は一九六六年（昭和四十一年）に解散しているので、同会が山口組傘下にあったのは三年足らずである。

　東声会解散と前後して町井は東京六本木に超高級レストラン「キャラバン・サライ」をオープンする。一流好みといわれた町井だけあって、内部の床は総大理石、「キャラバン・サライ」（隊商の宿）の名のとおりペルシャのイメージで統一された壁の装飾品はすべて美術収集家でもある町井の個人コレクションで、その中には紀元前のペルシャ王族の首飾りもあったという。内装だけでかかった費用は二億五千万円と当時の報道にある。

レストラン事業を統括するのが、東亜相互企業であり、ここの実質的オーナーはむろん町井であるが、会長職には児玉誉士夫を頂いている。当時の二人の関係がよくわかる。

キャラバン・サライを足掛かりに町井は事業を意欲的に拡大させていく。最盛期、町井は銀座だけで十二ものクラブを経営していた。従業員総数六百人、うちホステスは四百人を数えたという。


力道山の、夢の城がリキパレスならば、町井久之のそれは、一九七三年（昭和四十八年）、二年の歳月をかけて六本木に完成した「TSK・CCCターミナルビル」だ。ビルといっても本館を含む五つの建物からなる〝ビル群〟で、それぞれのビルは地下で連結されていた。

TSKは「東亜相互企業」のイニシャル、CCCはCelebrity Choice Clubの略で、政財、芸能、スポーツ界などの著名人を会員にした社交クラブを意味している。

当時の金額で数十億円をかけたこのビルは、町井久之の美意識と完全主義の結晶であった。

《何よりも訪れる人を魅了したのは、多彩な建築様式だった。十八世紀中期のフランスで栄えたロココ調のホールや、古代ローマの競技場を模したコロシアム・ホール。スペイン王朝の昔と現在を調和させた大宴会場、数寄屋造りの純和風施設……。サウナ、高級レストラン、ビューティサロン、クリニックなども完備。》（城内康伸『猛牛《ファンソ》と呼ばれた男～「東声会」町井久之の戦後史』新潮社、二〇〇九年）

「あれは商売ではない。王様がピラミッドを造るようなものだ」

採算というものを一切度外視した、町井の夢の城の建設を横で見ながら、側近のひとりがそうつぶやいたという。

クラブの会員もCelebrityの名にふさわしく、岡田茂（三越社長）、五島昇（東急社長）、堤清二（西武グループ）、瀬川美能留（野村證券会長）、久保正雄（東日貿易社長）、金山政英（元在ヴァチカン大使、元在韓大使）、池田弥三郎（国文学者・慶大教授）といったそうそうたる顔ぶれである。意外なところでは、画家の岡本太郎の名前もあり、町井の人脈の広さが垣間見れる。

次章で触れる銀座、湯島に展開したふたつの妓生ハウスもそうだが、町井の祖国に対する思いが顕著に表れているのが、韓国釜山と山口県下関を結ぶ釜関フェリー事業だ。戦前の釜山―下関間の定期連絡船を復活するというプランは当然、日韓基本条約の副産物として生まれたものである。当初、日本側が関釜フェリー株式会社、韓国側が釜関フェリー株式会社を設立し、共同運営、利益を折半するということでプロジェクトが進められたが、韓国側の出資がおぼつかず事業が遅れていた。そこで出資を申し出たのが町井だったのである。一九七〇年（昭和四十五年）六月十七日、日本側の開通から三カ月遅れて、町井久之を会長とする釜関連絡船株式会社の第一号船が無事、下関港を出航している。招待客の中には、地元出身の大物政治家、岸信介、安倍晋太郎（いうまでもなく安倍晋三の祖父と父である）の顔があった。

さらに超スケールのプロジェクトを町井は計画していた。福島県西白河郡西郷村一体の土地を買占め、新宿区に相当する二五〇万坪の敷地に三百億円の巨費、十年の歳月をかけ、酪農公園をはじめホテル、別荘、スポーツ施設などを有する一大レジャーランドを建設するというものだった。

町井は当時、東京八王子の土地転がしで巨万の富を得ていたが、とてもそれだけではこの壮大なプロジェクトをまかないきれなかった。そこで登場するのが、韓国政府直営だった韓国外換銀行（KEB）だったのである。

金鐘泌、李厚洛、朴鐘圭《パク・ジョンギュ》といった人脈を通して朴正熙とも面識のあった町井は大統領の「鶴の一声」に期待した。口添えをしたのは当時大統領警護室長（二代目）の朴鐘圭である。「ピストルの朴」の異名を取る射撃の名手で、町井の初渡韓の際、護衛役を務めた関係でお互い以来意気投合、朴は町井をヒョンニム（兄貴）と呼んで慕っていたという。朴鐘圭から相談を受けた朴正熙は「白河は（軍隊時代）演習で行ったことがある。あそこはいい」と答え、それがすなわちOKの言葉だった。こうしてKEBから八十億円の融資が約束された。（前出『猛牛と呼ばれた男』）

朴正熙夫妻とピストル朴こと朴鐘圭（右端）。ピストル朴は町井の渡韓時、彼のボディガードを務めたことで意気投合。

しかし、すでに崩壊の足音は近づいていた。町井の強引ともいえる事業拡大が仇となったのだ。俗に自転車操業などと言うが、日銭稼ぎの水商売はまさに巨大な自転車をこいでいるようなものだった。オイルショックによる不景気が日本を覆い、社用族が銀座から消えると、とたんに超豪華な自転車は速度を落としていき、やがて倒れていく。

クラブ、レストランを中心に町井が所有していた店舗は次々に売りに出され、かつて「銀座の虎」と呼ばれた男は、老兵のように銀座を後にした。

となれば、最初から採算を度外視したＴＳＫ・ＣＣＣ構想も内情は火の車である。工事を請け負ったゼネコン東海興業に代金が払えず、手持ちの白河の土地で泣く泣く清算することになる。ちなみに東海興業は児玉誉士夫の関連会社で、この土地整理劇が、それまで緊密だった町井と児玉の関係に微妙な影を落としたともいわれている。

残った白河の土地も農地転用の許可がなかなか下りず、借金の利子は膨れるばかりだった。業を煮やした町井が便宜を図ってもらおうと自社の幹部を通して福島県庁の担当部長に五百万円を贈ろうとしたことで、その幹部は贈賄の容疑で逮捕されてしまう。

児玉がロッキード事件（後述）の当事者として国会で追及の対象となり、その過程で町井の名前もたびたび上がるようになる。社会党の野田哲は一九七六年（昭和五十一年）の参院予算委員会で、児玉、町井をＫＣＩＡと結びつけ、町井の企業体がＫＣＩＡの「日本支部」であるとまで言い切った。児玉、町井との関係をとやかく言われることを嫌い、セレブたちの足もＴＳＫから自然と遠のいていく。

一九七七年（昭和五十二年）六月二日。東亜相互企業株式会社は八千万円の不渡りを出して倒産する。くしくも盟友・児玉誉士夫の初公判の日だった。

（但馬）

四章　「任侠」を潰した警察とアメリカ

暴対法により中国マフィアが台頭

――やはり、そういった汚れ仕事を引き受ける人がいなくなったのは、暴対法（正式名称「暴力団員による不当な行為の防止等に関する法律」）の影響ですか。

菅沼　暴対法というのは実にレベルが低すぎます。また今度、いろいろ改正を検討するらしいし、山口組の分裂を好機に一気に弱体化にもっていくとか菅義偉《よしひで》官房長官も言っておるようだけどね。だいたい、暴対法なんて、強化したって意味がない。いい例が銃刀法で、これを強化したとたん、銃の摘発が逆にガクッと減った。日本に入ってくる銃は増え続けているのにもかかわらず。銃刀法なんてあれ私に言わせれば、素人の拳銃マニアを捕まえるための法律ですよ。

かつて、たとえば新宿の裏の世界の秩序を維持してきたのは誰ですか。山口組であり住吉会です。それがいまや見てごらんなさい。彼らは全部警察にやられてしまって、それで大手を振っているのが中国マフィアだ。あるいは新大久保あたりを支配して外国人売春婦を仕切っているのは全部韓国系の組織。彼らに対して日本の警察は無力だよ。それを尻目に中国マフィア同士で抗争を始めている。あいつら獰猛だから殺し方もとても残忍です。そんなやつがどんどん日本に来ていますよ。

石原（慎太郎）さんが都知事時代、新宿浄化作戦やって成果出したって言っているけど、浄化されたヤツは池袋、六本木、錦糸町に流れるだけです。池袋なんかひどいからね。夜なんて日本人は歩けない。

——確かに日本語が通じない場所が東京にもありますね。新宿から大久保にかけては外国人売春婦、しかもいわゆる〝立ちんぼう〟が多いです。昔からヤチバイ（売春）は韓国人の生業だったというのがよくわかります。世界中に韓国人売春婦が十万人いるそうで、そのうちの約半数が日本で商売しているようです。

菅沼　そもそも暴力団対策法っていうけど、「暴力団」の定義って何ですか。暴対法にはそれを《その団体の構成員（その団体の構成団体の構成員を含む）が集団的に又は常習的に暴力的不法行為等を行うことを助長するおそれがある団体をいう。》と書いてありますよ。では、山口組は暴力団ですかって。誰が（暴力団と）決めるのよ。警察が一方的に決めただけでしょ。
それで宅見（勝）さんが若頭の頃、われわれ（山口組）は暴力団ではない、任侠団体だ、と神戸地裁に訴えたんですよ。遠藤（誠）弁護士がまだ健在でね。ところが阪神大震災が起こって、裁判沙汰なんかでゴタゴタしていたらいろいろな方面にご迷惑かかるからと取り下げたんですよ。山口組は一生懸命被災地で炊き出しをやってました。そうしたらまた警察が一方的に指定暴力団だと。

――山口組の炊き出しの話、大阪読売テレビの『たかじんのそこまで言って委員会』で先生が話されていましたね。これのどこが暴力団ですか、と。うなずいていたパネラーもいましたが。

菅沼　「なぜ暴力団はなくならないのか」というテーマで話してくれって依頼だった。思わずたかじんに向かって「あなたはお世話になったことないの？」と（笑）。喉まで出かかったけどさ。ヤクザなしには何も回んないんだ、大阪の芸能界なんて。

――ヤクザとの交際でいえば、島田紳助が芸能界を追われましたね。過去にも芸能人とヤクザの交際がスキャンダルに騒がれることありましたが、さすがに芸能界追放まではありませんでした。

菅沼　紳助が何をやったんですか。たまたま右翼団体とトラブル起こして、それでお世話になった人が山口組No.4の橋本弘文（姜弘文《カン・ホンムン》）という若頭筆頭だったというだけの話でしょ。なら、警察に行けばよかったのか。警察は事件にならないと動いちゃくれませんよ。それで橋本さんに頼んだわけだ。お世話になったお礼に自分が開店した寿司屋に招待した。美談でこそあれ、何が悪いことなのか。いまになって吉本興業は紳助を復帰させようとか言っているけどね、じゃ、吉本興業って何よ。山口組の世話にならなくて興行なんて成り立つわけがない。

――博徒もテキ屋も一律に「暴力団」ですからね。私の住んでいる東京のS区でも一時期、お祭りにテキ屋さんがこなくなりました。何かの条例で。その代りに慣れない手つきで焼きそば焼いているのが、商店街のボランティアのパパ、ママ。あれは白けますよ。やはり、お祭りにはテキ屋のダミ声がないと。

菅沼　たとえば、神社でお祭りがあるでしょ、仕切るテキ屋と神社側と警察、消防、保健所の人間が事前に集まって綿密な打ち合わせをやる。終わったら終わったで、無事終わりました、ご苦労さん、という具合で乾杯ぐらいする。ところが、いつのころから警察だけ来なくなった。警察官と暴力団のつき合いはダメという内規があるからです。こんなんで、いざというときに連携して対処できると思う？

オバマのヤクザ潰しとTPP

――菅沼先生は、ヤクザへの締め付けもアメリカの意向が大きいと何かの番組でおっしゃっていましたね。オバマが米国内のヤクザの資金を凍結すると言い出し始めました。日本にもヤクザを締め付けろといろいろ圧力をかけているようです。

菅沼　オバマは二〇一一年（平成二十三年）七月、「国際的犯罪組織に関する戦略」という文書に署名しています。この文章を作ったのが米財務省。FBIじゃない。このことが重要です。その中に具体的な組織の名前も書かれていて、これらと取引きしている金融機関はアメリカの銀行と取引きさせない、米国内の資産はすべて没収すると。まず、中央アジアや旧ソ連軍の関わっていたブラザーズ・サークルという組織。それと、イタリアのナポリに拠点があるカモーラというマフィア。そして日本の、ザ・ヤクザと来たわけです。その次はメキシコの麻薬密売組織ロスセタス。

日本に「ザ・ヤクザ」なんて組織ありますか。ヤマグチグミでもイナガワカイでもない、ザ・ヤクザ。それはね、どういうことかというと、アメリカの財務省が認定すれば、誰でもヤクザにすることができるということです。一度ヤクザと認定された人なり組織が三菱UFJ銀行が取引きしているとすると、三菱UFJ銀行はアメリカの銀行とは取引きできなくなる。アメリカの銀行と取引きできない銀行なんて潰れますよ。そうなると、もうヤクザにはおカネを貸してくれるところもなくなる。

――そうなりますね。

菅沼　小泉（純一郎）がアメリカべったりだったでしょ。だから選挙のとき山口組は民主党を応援したわけです。ところが、その民主党も菅直人のあたりからおかしくなって行った。というのもね、鳩山（由紀夫）が基地問題（普天間基地の辺野古移転問題）でいい加減な対応やって、その上、中国に色目を使って東アジア共同体構想とかわけのわからないものをぶち上げるとか、小沢（一郎）が国会議員を引き連れ中国詣でで胡錦濤《フー・チンタオ》とツー・ショット写真撮らせるとか、完全にアメリカを怒らせてしまったんですよ。それで日本に猛圧力をかけて来た。あっという間に鳩山内閣はパアになり、菅のような暗愚な男が慌ててアメリカ一辺倒に舵に切り出してもね、後の祭り。その挙句に突きつけられたのがTPP（環太平洋戦略的経済連携協定）です。

――オバマのヤクザ潰しとTPP、実はつながっていたというわけですね。

菅沼　要するにアメリカ流の構造改革を進めろということでね。TPPを結んで非関税障壁をなくせという。でも、彼らの論理をよく聞けば、日本語こそが非関税障壁だということになる。アメリカへの文章、契約書はすべて英語にしろということになってくるわけですよ。これが進むと、何でも非関税障壁だと言い出すことが可能です。

いわゆる日本的システム、たとえば、任俠という精神が障壁だと言われるようになる。任俠というのは何もヤクザの専売特許ではない。人のために命を捨てる、一言でいえば、そういうものでしょ。たとえば、松下電器産業株式会社の時代は、松下幸之助という親父さんがいて、従業員はみんな子供のようなものだった。あの頃は経営が苦しくなってくると、従業員のほうから賃金はいりませんから働かせてくださいと進言していたといいます。その代り、どれだけ不況になっても、絶対に社員を解雇しないというのが松下電器という会社だったんです。それがパナソニックになったとたん、テレビ受像機の業績が振るわないからといって一万人のリストラ。そうなるとアメリカの会社と同じです。雇われているほうもいつクビを切られるかわからないから、命をかけて会社のために働く社員なんて一人もいなくなりますよ。

——商標の「ナショナル」もなくなりました。ナショナル（国家）を捨ててインターナショナルだ、グローバルだ、と。シャレになりません（笑）。

「ヤクザが本業、国会議員が副業」と言えた時代

菅沼　話を戻すけど、任俠的な人が世の中からいなくなったというのは、確かに暴対法の影響も一面では大きいけれども、ただそれだけではない。要するに人間のスケールが小さ

くなった。「漢」が育て上げられるような土壌がなくなってきたということです。ヤクザにしてもシノギのことしか頭にない。在日ヤクザも、コスっからいのが多くなった。実に世知辛いよ。それにともなって国会議員のスケールも小さくなった。昔はヤクザの上のさらに上のヤクザという漢たちが国会議員をやっていた。

――ヤクザで政治家というと、ハマコー（浜田幸一）さんあたりが最後ですかね。

菅沼　ハマコーが最後だよ。あの人、稲川会の組員だから。昔、ハマコーがラスベガスで億の大金をスッて、マスコミに叩かれたとき、「俺はヤクザが本業だ。国会議員は副業でやっているんだ。ヤクザが博打やって何が悪い」って開き直っていたけどね。もう、そういう時代ではないということです。

――ヤクザではないにしても、大野伴睦さんとか、裏の世界の匂いのする政治家って昔はいましたね。大野さんは一九六三年（昭和三十八年）七月、神戸で行われた本多会（のちの大日本平和会）の代目披露（初代引退と二代目就任）に出席し演説しています。そのことを記者に問われて「こういう親分衆は社会党の諸君よりもつき合いやすい。大衆政治家としてはそういう人たちともおつき合いすることが必要だ」とケロリとしたものです。本多会の初代という人は、戦前、神戸が水害に見舞われ壊滅状態に陥ったとき、中国地方から人足をかき集めて復興にあたらせ、そのまま同地に定着した人で、そのせいか地元では悪くいう人はいなかった。まさに政治の手のとどかない部分を任俠が補っていたという好例といえます。

それから、昔は世間の任俠に対する目も違っていたような気がします。いろいろ資料を調べていて驚いたのですが、一九五九年（昭和三十四年）四月、山口組三代目の田岡一雄組長が神戸市の水上署の「一日署長」を務めたこともあったらしいですね。警察がヤクザを一日署長にするというのですから、大らかな時代というか、なんというか。また、関東テキ屋の大親分・尾津喜之助は一九四六年（昭和二十一年）大晦日のＮＨＫラジオ『とし忘れ名士かくし芸大会』に出演し、出演者に「仁義の切り方」を指導したそうです。いまだったら考えられませんね。二人とも終戦直後の焼け跡で、第三国人の横暴から体を張って庶民を守った漢でした。尾津さんと大野伴睦さんは兄弟の盃を交わした間柄だったらしいです。

小泉家と北朝鮮のパイプ

菅沼　小泉（純一郎）さんのお祖父さんの小泉又次郎だって倶利迦羅《くりから》紋々（刺青）を背負って横須賀市長、逓信大臣をやっていたわけですから。この人はもともと地元の口入れ屋、要するに人足の手配師だった。荒くれ男相手の仕事です。その中には朝鮮人も大勢いた。

横須賀だから海軍関係の土方仕事が多かったんじゃないか。とにかくそういう現場で采配を振るった人だったんです。

小泉さんの実家は横須賀の繁華街にあるんです。その広大なお屋敷の一角に石井隆匡（稲川会二代目会長）ゆかりの横須賀一家の事務所があるという話だ。小泉さんは選挙に一銭もかからない。稲川会であれこれやってくれる。

その小泉さん、朝鮮総連大会に内閣総理大臣（当時）として祝電打っているんです。金正日が死んだときも弔意を示したでしょ。徐萬述《ソ・マンスル》という総連の議長だった男が亡くなったときにも弔電出している。朝鮮総連というのは公安と警察の調査対象団体なんだよ、そこに総理大臣が弔電打ちますか、普通（笑）。

もともと小泉一家と朝鮮は縁が深いんです。お父さんの小泉純也が代議士時代に自民党の代表として北朝鮮帰還事業を主導していたし。朝鮮総連の初代議長で最高権力者だった韓徳銖《ハン・ドクス》、彼の経歴の中で空白の時期がある。どうもその時期、小泉のお祖父ちゃんの口入れで海軍の工場で働いていたようだ。とにかく小泉家には世話になっているはずです。

――韓徳銖というと、長く朝鮮総連のトップにいた人物で、独裁者と恐れられていた人ですね。彼に逆らった者はみな粛清されるといわれました。

菅沼　そう、容赦ない。議長の権限で（邪魔な人間を）北朝鮮に送り、帰ってこれなくする。

金炳植《キム・ビョンシク》もこれをやられた。一時は総連のNo.2で韓徳銖を一番盛り上げた男でさえ。しかも、夫人は韓の妹をもらっている。結婚式場で有名な日本閣、あそこで彼の壮行会があって、まあ、それが彼の日本の見納めになったね。結局帰ってくることができませんでした。

冷戦構造の崩壊でヤクザに使われるようになった右翼

――韓徳銖は日大芸術学部出身となっているけど、実は学籍はなかったということが、複数の総連関係者の証言にありますね。かなり怪しい人。

菅沼　だから、そういう怪しい経歴の中に、語られていない横須賀での人足時代がある。

――小泉訪朝のお膳立てには、そういった裏のコネクションが働いたというわけですね。

菅沼　もちろん、そうです。在日ヤクザにも北朝鮮系もいます。いまの稲川会のボス・清田次郎（辛炳圭《シン・ビョンギュ》）は朝鮮総連系です。

――稲川会といえば、山口組、住吉会についでついに米財務省の制裁対象になりました。組織だけではなく、清田会長個人も対象になっています。

菅沼　そういうことですよ。だんだんと世の中がギスギスしてくると思うね。あなたが言った裏のチャネルなんて使えっこない。それとは別にして、世知辛くなったというか、セコくなったのは右翼も同じですよ。冷戦時代、日本の右翼は「親米・反共」を標榜していた。要するに彼らはアメリカに使われていたというわけですよ。児玉誉士夫もね。冷戦時代はそれでもよかった。韓国人でも何でも突っ込んで、反共の防波堤にしていれば、それで機能していたわけです。

ところが冷戦が終わると、親米反共のスローガンは色あせて、右翼も活動資金がなくなってしまった。それでヤクザに囲われるようになったんだけどね。

会津小鉄会の高山登久太郎も「情けない状況だよ」と嘆いていましたよ。六〇年代安保の頃は、ヤクザは右翼の命令で動いていた。ところがいまでは、ヤクザの方が上に立って、右翼が彼らに使われているって。

——ヤクザの高山さんが言うのだから説得力ありますね（笑）。

菅沼　高山さんは日本に本当の民族団体を作ろうと言っていたけど、そうしているうちに死んでしまった。教育にも関心をもっていた。そういう在日ヤクザもいるんだ。もう彼もいないしね。

【解説】権力とヤクザ

《元来やくざというものは、ふだんは無用の存在だが、ときによっては用をなすものである。これを称して、私は任俠道というものだと思っている。（中略）キリスト教の任俠道、釈迦の任俠道、いわゆる菩薩行でなければいけない。》（尾津喜之助「任俠一代」『話』一九五四年八月号）

本インタビューで語られている「任俠」のニュアンスを実にシンプルにかつ的確に伝えている一文であると思う。ここでは尾津喜之助という男を中心に戦後の「任俠」道というものを考えてみたい。

尾津喜之助は、一八九八年（明治三十一年）生まれ。満州浪人を経て、新宿を仕切るテキ屋・飯島一家の小倉米三郎の知遇を得、小倉二代目を継ぎ、のちに関東尾津組を旗揚げし一家をなした伝説のテキ屋である。尾津が名を挙げたのはなんといっても、終戦直後の混乱と物資不足の中、東京新宿の焼け跡に開いた青空市場「尾津マーケット」だろう。他の地区の闇市がいわゆる闇値で暴利を貪っていたときに、尾津マーケットは適正価格での販売を貫き、庶民の人気を得ていた。また、テキ屋だけではなく一定のショバ代さえ払えば誰でも商売が許され、引き揚げ兵、傷痍軍人、戦争未亡人は優先的にマーケットの社員として雇用した。しかも彼のマーケットは治安がすこぶるよかった。

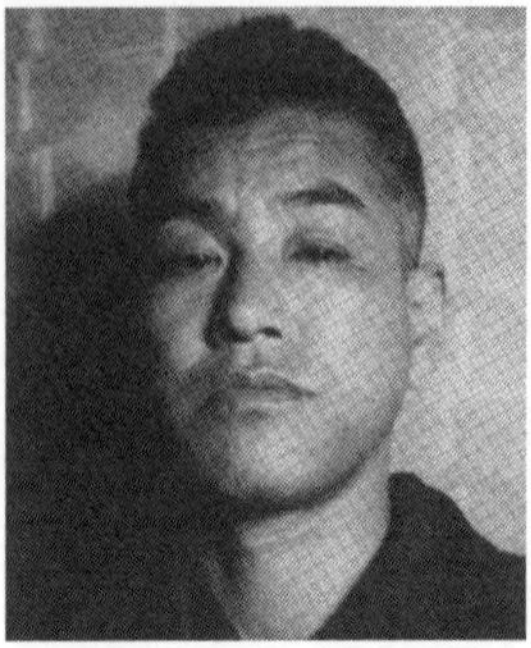
尾津喜之助。評伝のタイトルの「光は新宿より」は、彼の開いた青空マーケットのスローガンでもあった。食通でもあり料理店を経営していたこともある。そこで修行した一人に道場六三郎がいる。

《人は煮えくり返り、しかも一歩裏へ入れば荒涼な焼け跡、だが女子供老人が歩いても少しも怖くない。》――野坂昭如は、長女・尾津豊子の喜之助の評伝『光は新宿より』（K&Kプレス）に寄せた序文の中で当時の尾津マーケットの様子をこう記している。敗戦直後の混乱の中、これほどまで安全かつ健全な空間が存在できたのか。戦勝国民を自称し傍若無人をほしいままにしていた第三国人の流入を尾津とその配下が体を張って阻止したからである。台湾系三国人と新橋松田組を中心とするテキ屋・愚連隊との間に起きた武力抗争、いわゆる「新橋事件」では、銃弾の飛び交う中、懐に辞世の句を忍ばせて単身丸腰で調停役に乗り出したこともあった。昭和二十二年（一九四七年）四月の衆議院選挙では大野伴睦に乞われ自由党公認で出馬、次々点で惜しくも落選している。

尾津はまさしく庶民の味方、ヒーローであったのだ。

同じころ、神戸では、のちに山口組三代目を襲名する田岡一雄がやはり第三国人勢力と激しい抗争を繰り広げていた。

《通りすがりの通行人の目つきが気に食わないといっては難くせをつけ半殺しにし、無銭飲食をし、白昼の路上で見境なく集団で婦女子を暴行する。善良な市民は恐怖のドン底に叩き込まれた。彼ら不良三国人は旧日本軍の飛行服を好んで身につけていた。袖に腕章をつけ、半長靴をはき、純白の絹のマフラーを首にまきつけ、肩で風を切って町をのし歩いた。腰には拳銃をさげ、白い包帯を巻きつけた鉄パイプの凶器を引っさげ、略奪、暴行をほしいままにした。》（『山口組三代目・田岡一雄自伝』徳間書店）

これが当時の三国人愚連隊の一般的な生態である。警察も彼らの前に無力だった。その警察になり代わって街の治安を守ってきたのが、ヤクザや愚連隊といわれた男たちであったのも確かなのである。その労を多とした警察当局から乞われ田岡が一日警察署長を務めたというのは、本文に語られているとおりである。

しかし、こういったヤクザ、テキ屋の台頭に警戒心を抱いていたのがGHQだ。GHQは、一九四六年（昭和二十一年）八月、露天商一斉取り締まりの名目で尾津組を解散させ、返す刀で『やくざの世界・日本社会の内幕』（近代思想社）の著書もあるニューヨークポスト紙の特派員ダレル・ベリガンを使い、『世界評論』（一九四八年八月号）に「東京のカポネ＝尾津喜之助」なる記事を寄稿させ、《喜之助を強盗団長、殺人団長、淫売団長などと、あらゆる悪の肩書きをつけて書き立て、極悪非道の人間と決めつけ、凶悪なギャングの大ボスという烙印を押して活字の暴力で攻撃し》（尾津豊子『光は新宿より』）ている。また、記事の中でダレルは、「ヤクザとは日本の家族制度そのものであり、天皇制の病理的副産物である」といった、恐ろしく偏見に満ちた見解を述べていた。

もっとも、アメリカ人のこのヤクザ観は、七十年近く経ったいまもあまり変わらないのかもしれない。先に紹介した「任俠一代」なる尾津の寄稿は、このベリガンの論文に対する反論の意味を込めて「私は東京のカポネではない」という副題がつけられている。

六〇年代安保闘争の際には、児玉誉士夫の号令により、全国の民族派、任俠団体がデモ隊へのカウンター勢力として動員されたが、尾津もテキ屋の主だった親分衆を召集し「全日本神農憂国同志会」（会員一万五千人）を結成、これに合流している。ちなみに神農とは道教の神格のひとつで、テキ屋の守り本尊でもある。転じて、テキ屋を俗に神農団体、一家をなしたテキ屋の親分を「神農さん」と呼んだ。

幸い、安保闘争では結局大きな衝突には至らなかったが、イザというときは、デモ隊に向かって空から二百万枚のビラを撒くようにセスナ機二機とヘリコプター六機がチャーターされたという。これらはすべて尾津の自腹だった。また大型トラック三台に救急用ライトバン多数も用意されていた。

児玉の声を受け、町井久之ら非総連系の韓国人ヤクザもカウンターとして多数参加している。かつて第三国人と抗争を繰り広げていた日本のヤクザ組織や愚連隊は、次第に彼らを吸収していったのだ。朝鮮戦争を前後に、ヤクザの世界も〝業界再編〟を遂げていた。事実、山口組の全国制覇に、柳川次郎（梁元錫《ヤン・ウォンソク》）ら傘下の在日ヤクザ勢力の存在は不可欠だった。

余談だが、この安保闘争では、東大生・樺美智子が圧死した翌々日（一九六〇年六月十七日付）、在京七新聞（朝日、読売、毎日、産経、東京、日経、東京タイムス）が「議会制政治を守れ」という旨の共同社説を掲載している（七紙合同）。内容はデモ隊の暴力行為に対する糾弾と社会党の国会ボイコットへの非難だった。このキャンペーンを仕組んだのが電通社長の吉田秀雄と朝日新聞論説主幹の笠信太郎であると言われている。安保反対を誰よりも声高に唱えていた朝日新聞が、一転、「デモ隊よ家に帰れ」と訴えるのは一見滑稽にも見えるが、要は暴徒化したデモ隊がそれほど制御を失っていたということなのだ。このまま行けば、日米関係さえあやうくなる、決してオーバーではなく、そんな状況に当時の日本はあった。

吉田秀雄は電通中興の祖ともいわれ、戦後「世界の電通」の礎を作った人物である。彼は戦時中、上海で邦人向け新聞を統括、情報収集活動を行っていて軍部にもパイプをもっていた。そのためか、戦後間もなく、四代目社長に就任するや、同社の幹部に迎え入れたのは、旧軍の工作機関の情報将校や満鉄

（南満州鉄道）関係者（放送、広報、電信）たち、いわば情報収集、宣撫工作のプロフェッショナルである。これだけ見ても戦後再出発した電通がただの広告屋でないのはおわかりいただけるだろう。

何よりも注視したいのは、これら策謀渦巻いた満州国の諜報エリートたちから一人のBC級戦犯も出ず、かれらが中枢をなすこの会社をGHQが容認していたということだ。つまりは、GHQが情報のインとアウトの場として電通の存在を必要としていたことを意味するのである。吉田秀雄が事業として最初に手掛けたのが、GHQの協力を仰いでの民間ラジオの設立である。このときのGHQ側の窓口はCIE（＝Civil Information and Educational Section／民間情報教育局）所属のフランク馬場という日系二世の将校で、この男、戦時中は自らマイクをとって短波放送を通じて日本語で宣撫放送を行っていた他、占領時はGHQが企画した悪名高き洗脳番組『眞相はかうだ』の責任者でもあった。

左翼学生、フィクサー、右翼、ヤクザ、テキ屋、在日、電通、アメリカ……さまざまな力学と思惑がぶつかり合い弾け合いながら巨大な暴風雨となって国会前に吹き荒れたのが、あの六〇年安保だったのである。

安保闘争後、既に事業家に転身していた尾津喜之助は任俠の世界からは完全に足を洗い隠居の身となる。一方、田岡一雄は一九六三年（昭和三十八年）、〝鎌倉の黒幕〟と呼ばれた菅原通済を会長とする麻薬追放国土浄化同盟を組織、総本部を神戸の山口組本部に置き、麻薬追放運動を展開しマスコミをにぎわせている。田岡は、ヤクザがヤク（麻薬）とヤチ（売春）をシノギとすることを外道として大変嫌っていたという。この同盟には、右翼活動家の田中清玄、作家の山岡荘八、福田恆存に、なんと参議院議員で婦人運動家の市川房枝も名を連ねていた。ヤクザが表立って「人様のために働く」＝任俠を標榜できた、これが最後の機会だったのかもしれない。

翌一九六四年（昭和三十九年）、オリンピックを控えたこの年、警視庁および各県警本部は「第一次頂上作戦」と銘打ち、大々的な暴力団壊滅作戦を開始している。もはや焼け跡と混沌の時代は過ぎ、ヤクザに治安を任せる必要もなくなった。むしろ、高度成長を迎えて世界に開かれるべき日本に、彼らは不要の存在になってしまったのである。任俠組織は暴力団、ヤクザは構成員と呼び名も変わり、忌み嫌われ恐れられる存在になってしまった。

田岡一雄山口組三代目。興行会社（神戸芸能社）の社長でもあり、多くの芸能人に慕われた。ベースを弾く珍しい写真。

《わたしは終戦直後の闇市を横行する暴れ者や、湾岸における共産党と真剣に闘ってきた。警察もそれを後押ししてくれた。それなのに、世の中が落ち着いたから、もうヤクザはいらん。ヤクザを潰せというのは勝手ではないか。》（田岡一雄自伝）

時に権力に利用され、時に権力に捨てられる、それもヤクザというものの運命なのかもしれない。

（但馬）

五章　竹島を棚上げさせた妓生の実力

「君が代」でなく「アリラン」を演奏した韓国の外交非礼

菅沼　結局、池田内閣でも日韓交渉はまとまらず、次の佐藤内閣になって条約が結ばれるのですが、その地ならしともいえる裏工作をしたのが、児玉誉士夫であり矢次一夫だった。韓国側でいえば、金鍾泌《キム・ジョンピル》と李厚洛《イ・フラク》ということになります。

椎名悦三郎。通産畑の彼の突然の外相就任は日韓基本条約のためのサプライズ人事といえた。文世光事件後の謝罪特使、日中国交樹立後の台湾への釈明特使と、損な役回りも多かった。

十四年かかった交渉に終止符を打ったのが、椎名悦三郎外務大臣の訪韓（一九六五年二月）です。これを迎えたのが李東元《イ・ドンウォン》大韓民国外務部長官（日本の外相に相当）。

――当時、日本も韓国も野党や学生が条約阻止を叫んで大混乱だったらしいですね。椎名さんが到着した金浦空港を条約反対の学生が取り囲んでいたといいます。椎名さんは空港で「(日本の過去を)深く反省する」旨の声明を述べ、これがマスコミを通じて、反対派の鎮静化に作用したとか。椎名さんの作戦勝ちだと当時いわれたそうですが、これ以降、日本はことあるごとに韓国から謝罪を要求されるのがならいになってしまった。

菅沼　こんなこともありました。正式調印のときの訪韓だったかな。椎名さんが空港に着くでしょ。日章旗と太極旗がはためいている。戦後、初めて韓国で公式に日の丸が掲げられた瞬間です。椎名さんも感無量だっただろうね。次に両国国歌吹奏なんだが、ここでハプニングがあった。なんと、楽団が楽譜を間違えたのか「君が代」でなくて「アリラン」を演奏し出してしまったんだ。これ、あまり知られていない話だけれどね。

──外交非礼もはなはだしいですね。あの国のことだから本当にハプニングだったのだろうか、と。それでも椎名さんは大人の対応で、どうにかやり過ごし、大任を果たしてきたということですね。

菅沼　それほどすんなりといった話でもなくてね。結局、公式会談では話はまとまらず、そのあとは酒席でということになった。じゃ、席を改めましょうよと、韓国ではこれもひとつの外交でもあるのです。

KCIA部長が証言した南北交渉の実態

菅沼　ソウルに清雲閣《チョンウンガク》という超高級料亭がありました。要するに妓生《キーセン》ハウスです。とはいえ、最初から妓生が侍っているわけでもない。秘書や通訳を交えて普通の会談が行われるのですが、そこでもお互いなかなか引かないでしょ。ではここから先は、椎名先生と二人だけで忌憚のないお話といきましょう、とこうなる。別室に案内されると、そこにはダ～っと妓生が控えている。そこで深夜まで（笑）。

――籠絡された？　清雲閣というのはやはり格式が高いのですか。

菅沼　清雲閣、大苑閣《テウオンカク》、それに三清閣《サムチョンガク》、このあたりが超一流クラスです。この中では三清閣が一番新しい。これ（三清閣）の裏話というのがある。ちょっと長くなりますが、一九七二年（昭和四十七年）、米中接近があって、田中角栄首相の訪中があり、日中国交正常化があったでしょう。そういった融和ムードに刺激される形で、同年五月ソウルで南北会談が行われた。

――確かこのときの会談で南北共同声明が出されていますよね。「統一は自主的かつ平和裏に行われなければならない」といった内容でした。未だ統一にはいたっていませんが。

菅沼　その少し前、下交渉のために李厚洛KCIA部長が平壌を極秘訪問しているんです。実は、そのとき李厚洛は懐に毒薬を忍ばせていたといいます。まあ、何があるかわから

金日成（右）と握手する李厚洛。

ない国だから。いざというときは自決する覚悟だったんです。

あの国はいまでもそうだけど、韓国の代表が行ってもなかなか金日成が会ってくれない。もったいつけて、相手に優位であることを見せつける外交をするわけです。そして韓国側がじれて、テーブルを蹴飛ばして帰国しようという、まさに前日の深夜ですよ、「(金日成)主席がお会いになりたいとおっしゃいますので、ぜひお越しください」。

なぜ深夜かというとね、朝鮮労働党の連中というのはみな、パルチザン上がりだから、夜中の方が冴えているんだ。

――なるほど（笑）

菅沼　車でわけのわからない夜道をずいぶん連れていかれてね。そして、あるビルに着く。エレベーターに乗せられて三階、扉がぱっと開くと、大広間に電燈がこうこうと光っていて、金日成を真ん中にして朝鮮労働党の幹部がずらっと並んでいる。そこに連れて行かれたというんだよ。

席についてもね、金日成が口を開くまで誰もしゃべらない。沈黙を破って金日成が何かいって促すと、側近の一人が李厚洛に「閣下、どうぞ煙草を」。煙草を勧められた。

はて、これを吸うべきかどうか、マッチを擦る手が震えたっていうんだ。何が仕込んであるかわからないからね。その様子を見ていた、幹部の一人が突然アッハッハとひときわ大きな声で笑ったそうだ。「閣下、そんなものに毒は入っていませんよ」と。これで座の空気が一気に変わったとね。こういうやり方をするんだよ、彼らは。これは私が李厚洛から直接聞いた話だから。この李厚洛という野郎がまた、結構なワルでね（笑）、カネに目のない男ですよ。

――完全に向うのペースにはめられますね。確かにしたたかというか。

一流の教養を身に付けていた妓生たち

菅沼　次に北朝鮮の代表団をソウルに呼ぶことになった。その接待のためにKCIAの肝入りで作られたのが、いまいった三清閣。その昔、平壌に有名な妓生学校がありました。そこの最後の卒業生だというお婆さんを探し出してきて、三清閣の女主人に据えたんです。彼女が全部、女の子を教育した。

李朝時代、ご承知のように朝鮮は明や清の冊封を受けていました。明や清から使いが来ると、王様自ら迎恩門まで出かけて土下座（三跪九叩頭拝）してこれをお迎えしていたわけです。その、中国から来た使いの接待をするのも妓生の大切な仕事でした。彼女らの身分は国家の役人といっていい。単にセックスの相手をするだけではなく、歌舞音曲はもちろん、漢詩を詠んだり、中国からの使者に伍するそれなりの教養がなければつとまらなかったのだから。そのための学校だったわけです。そういった伝統的な妓生の作法を学んだお婆さんがマダムになった。

――三清閣は妓生ハウスのお役目を終えて、現在では観光地として一般に開放されているようです。写真でしか見たことがありませんが、広大な敷地に伝統的な朝鮮式建築の建物が並んでいて絶景でした。敷地に人工の小川も流れているというから、その大きさがわかろうというものです。

菅沼　八〇年代ころにはすっかり寂れていました。久しぶりに訪れたときにはがらんとしとって。伝統的な妓生の文化ももう残っていないでしょう。

その昔、妓生観光なんていって日

百花乱れ咲く平壌妓生学校。（当時の絵葉書）

妓生学校。こう見ると、ふつうの女学校と変わらない。

妓生学校には少女歌劇（レビュー）もあったようである。少女の燕尾服。まさに美空ひばりの『悲しい口笛』スタイル。

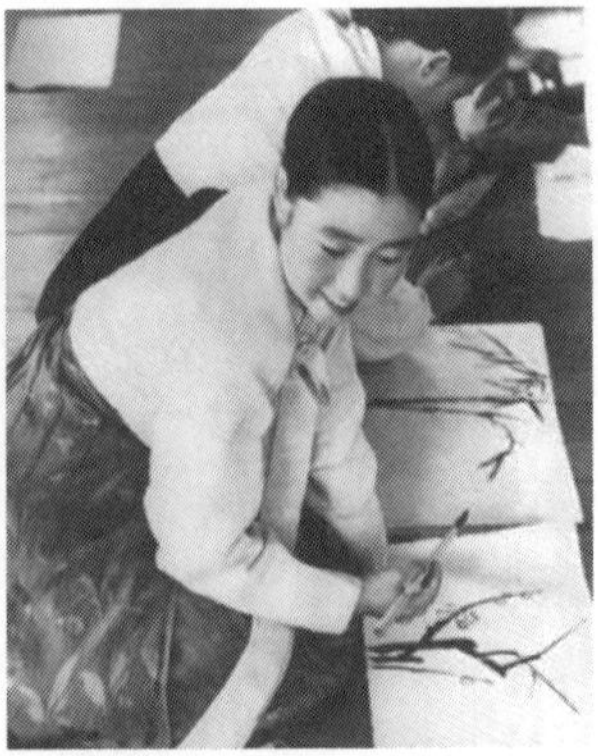

妓生学校。絵も大切なたしなみのひとつ。

本から農協さんなんかがこぞって韓国に出かけていたけど、あれはあくまで大衆向けの性風俗であって、本当の妓生とは美貌も教養も比べようもない。

——李朝時代は一牌《イルベ》・二牌《イベ》・三牌《サムベ》とランク分けされていたそうですね。一牌は最高級、このクラスになると、落ちても両班《ヤンバン》の妾どまりで、夜伽といっても歌を詠んだり歌舞を披露するのが主な仕事。三牌になると、ぐっと落ちて、いわゆる枕芸者だとか。農協さんご用達の、いわゆるアガシというのはこの三牌クラスということなのでしょうけど、それでも日本の男たちが夢中になってしまうのですから、彼女らの接待術というのは洗練されているのでしょう。

　聞いた話ですけど、ホテルなぞ使わず、妓生の家に招待されるそうです。食事にしても男は箸を持つ必要ない。アーンすれば、妓生が口まで運んでくれる。それで、朝起きると、下着や靴下までちゃんと洗濯されて枕元においてあると、あるユーザーから聞いた話です。その妓生の本業は梨花女子大の女子大生で、美人の上に日本語・英語もペラペラだったといっています。

菅沼　それはなかなか上のランクでしょう。そういう接待を知っている人は、それなりの地位にいる人だな。ただ、女の子は何やってると聞くとみな、女子大生っていうから。ソウル大生という妓生もいるそうです。どこまで本当かはわからないけどね。女子大生というのが、それなりのステータスなんです。あちらでは。

――「妓生パーティ」なんて言葉がありましたね。女性向けファッション雑誌に韓国旅行特集が組まれる現在では信じられないことかもしれませんが、ほんのふた昔前までは、「週末、韓国に行ってきましてね」なんて、気の置けない男同士の酒の上の会話でもなければ聞けませんでしたよ。当時からして、そういうのに出かけるのは中年以上のおじさんという印象で、僕の世代ではほとんどありませんでしたけど。だから、なぜおじさんは妓生にはまるのだろうと。彼らに言わせると、韓国女性は情が深い、日本女性がなくした奥ゆかしさがあるということでした。こ

三清閣。現在は観光地として開放されている他、韓流時代劇のロケ地に。

れはよく聞きますね。

菅沼　それもひとつの技巧ということです。接待としてのね。

――ええ。手練手管だとは思いますが。

日本人の妓生ツアーに関しては韓国のマスコミや日本の女性団体から批難ごうごうでした。羽田空港で女性団体によるビラ撒きデモまであったくらいです。別に妓生遊びするおじさんたちを擁護する気はさらさらありませんが、朴政権は国策で妓生観光を奨励し、現に韓国の経済の一部を支えていたのは事実です。いまでもGDPの七％を売春産業が占めていると言われています。国が貧しい時代はなおさらで、カジノ立国ならぬ売春立国、それが韓国という時代が確かにあるわけです。

国内で妓生は差別されていた

――妓生でいえば、興味深い話があって。ある有名な小説家ですが、彼が出版社の接待で韓国旅行に行ったとき、妓生パーティに参加したそうです。翌朝迎えに来た女性添乗員に、その作家さんが恐る恐る「あなたは日本人の男が同胞の女性をお金で買うことをどう思いますか」と聞いたら、彼女、「なんとも思いませんわ。あの人たち（妓生）と私ではもともと身分が違いますから」。なんか、ある種の韓国を象徴するエピソードだと思います。

菅沼　階級社会だからね。未だにその名残はあります。

——妓生の場合、身分は低いけれど、読み書きができた。ここいらへんは李朝時代の僧侶も同じですね。

菅沼　貢物として中国に贈られた妓生が皇帝に見初められて大出世した事例もある。

——ええ。男尊女卑の色濃厚な儒教社会の朝鮮では、女性にとって美人に生まれて後宮に取り立てられることが数少ない出世の道だったのでしょうね。現代の韓国であれだけ美容整形がもてはやされるというのも、そういった文化的背景を無視して語ることができないと思います。

菅沼　北朝鮮の喜び組。要するに同じことです。皇帝に侍《はべ》らすということでね。北朝鮮が韓国のスポーツ大会に美女応援団とか送ったでしょ。あれで韓国の若者が腰砕けになっちゃったけど、これもひとつの戦術です。まさしく、朝鮮の伝統芸です。

——韓国では最近、脱北者の若い女性ばかりを集めたトークショー番組が大人気だそうです。韓国の若い男性に言わせると、北の女の子は「情が深そうで、韓国の女の子のようにスレていない」。妓生ツアーのおじさんと似たようなことをいう（笑）。

オイルショックも妓生で乗りきった

菅沼　一九七三年ごろにオイルショックで、原油価格が高騰し供給不足になり世界経済は大混乱に陥りました。韓国もとにかく石油を確保せにゃならんということでね、実はこのとき活躍したのも妓生です。中東の産油国のプリンスたちを呼んで接待するために、えりすぐり超トップクラスの妓生を四十人ほど集めたんです。私も韓国でＫＣＩＡに出入りしていたころ、お目にかかったことがあるけど、世の中にこんな美女がおるのか、というほどの美人たちでした。

では、この四十人をどうやって集めてきたかというと、大統領がテレビを観ながら、女優や歌手を指さして「あれがいい」「これ連れてこい」。その命を受けて、大統領警護室の人間——つまり軍人です、が行って、本人に「国家のためにご奉仕しなさい」と。

——それこそ強制連行です。

菅沼　自分たちがやっているから、日本人も戦時中、もっとひどいことやっているんだと思っているんだ（笑）。しかも、連れて来た美女は全部、大統領がしっかり味見しているという話（笑）。

貧しい時代を乗り越えようとした妓生の愛国心

――韓国はいまでもありますね。女優やアイドルはほとんど財閥や政府要人の接待に使われる。それを苦にしての女優の自殺はよく報道される。

菅沼　それは女の子の質が変わってきたんでしょう。あのころは韓国も貧しくてみな国のためにやっていたんだから。

李朝時代、さまざまな問題に対しても和やかに接待できる女性を作り上げるという、ひとつのシステムができ上っていたんです。あの時代、上は権力闘争、下は苛斂誅求や圧力といったさまざまな不満や不安を女性の力で和らげる、これはこれでひとつの文化なんだ。いい悪いは別にして。

対日本外交の場合もそうでしょう。日韓交渉のときにも、高級な接待をすることによって、円滑にことを運ぼうとした。むろん、彼らは自国の有利な方向にもっていくわけだけど。自民党の政治家も誰が世話になったかも知っている。河野一郎なんてそう。大好きだったんだよ。あの人は、そばに誰がいても平気だったらしい。

――（笑）河野さん、急逝されたの、日韓基本条約締結（一九六五年六月二十二日）の二週間あと（七月八日）でしたね。思い残すことなかったでしょう（笑）。河野さんの息子はあの河野談話の河野洋平さん。何かの因縁を感じます。

菅沼　まあ、それくらいの神経でないと政治家なんて務まらないよ。

――色を好むというのは、まあ、伊藤博文の時代から。

菅沼　政治家が骨抜きになるのもわからんでもない。容姿はむろんのこと、相手の趣味趣向に合わせて話ができる、日本語もペラペラで、それなりの知的水準の女性が送り込まれてくるわけだから。大平（正芳）さんなんて金鍾泌と一緒にいてやられちゃったわけだ。

――大平・金密談、ありましたね。「無償供与三億ドル、政府借款二億ドル、商業借款二億ドル」という具体的な金額までメモに残されている。……そういうことだったんですか。あの朴訥でお堅いイメージの大平さんまで。

菅沼　大平さんは金鍾泌といるときは、たいがい女の子も一緒だった。椎名悦三郎さんも妓生好きだったしね。

日韓条約で竹島の問題もそうですが、全部やられているんだから。アメリカがラスク書簡で「竹島は韓国の領土になったことはない」と韓国に回答を出しているのにもかかわらず、日韓基本条約では「解決しないことをもって解決とす」などという、実に曖昧な着地の仕方をした。これはひとえに（韓国の立場からすれば）妓生のお陰ということになる。金鍾泌や李厚洛の対日工作の勝利だね。

じつは日韓併合を英断だったとわかっていた韓国政府

――当時の国会資料を見ますと、日韓基本条約に最後まで猛反対していたのが日本社会党です。竹島問題が解決していないのに、国交など結べるかという、もっともな理由ですが、ならば、いまの社民党が竹島問題に熱心かといえば、そうではない。福島瑞穂さんなんか「教科書に竹島問題を記載する是非については慎重であるべきだ」なんてことをしかも当の韓国で言っている。もっとも、自民党にしてもいま言ったような密約をしてしまったのだから大きなことは言えませんけれど。そもそも韓国が密約を守るわけがない。こういう玉虫色の解釈というのは、将来に禍根を残しますね。

李ラインに拿捕され、釜山収容所に抑留中の日本漁民。不衛生な環境に置かれ腸チフスが発生したこともあった。

菅沼　最後の段階で佐藤栄作首相が、締結にもっていったんです。実は佐藤内閣も盤石ではなかった。まだ河野一郎や岸さんもいた。彼らを反対に回すとまた話が進まない。ある部分では慎重に、ある部分は周到に。韓国側もそれは見透かしていただろうし。それで、結局領土問題は置いておいて、請求権とかおカネの問題だけになっちゃった。

――当時まだ、漁師さんは抑留されたままでしたね。釜山の外国人収容所というところに入れられて、劣悪な環境や看守の横暴で、本当に苦労されたといいます。実際に抑留された漁師さんの手記を読みました。

菅沼　そうです。韓国側は漁民を少しずつ返したり返さなかったり。日韓交渉がこじれると（帰国を）留め置きされたり、また新たに船が拿捕されたりね。

――要するに、交渉の道具にされていたわけですね。あと、北朝鮮への帰還事業（一九五九年～）が始まると、嫌がらせのように拘留が伸びたと、これも手記に書かれていました。

菅沼　結局、日韓基本条約と同時に日韓漁業協定が何となく結ばれただけ。排他的経済水域（EEZ）なんて守られたためしはありませんよ。未だに海では韓国漁船に好きにやられている。

李東元。「私が私の妻（独島）を自分の妻だとわざわざ証明しなければいけないのか」という、いわゆる独島（竹島）＝わが妻論は、彼がオリジナル。

日韓基本条約は最終的に椎名外務大臣の男気で決まったと言われているが、確かにああいうタイプの政治家でないと動かなかったのも事実です。細かいことよりも度胸と気風《きっぷ》の良さで切り抜けるタイプといえます。

――大野伴睦の急逝で韓国側との交渉がなくなり、さて、というところで外務大臣に抜擢されたのが椎名さんでした（一九六四年七月）。彼の気質を見込んでの人事だったといわれています。ときを同じくして韓国では大統領秘書室長出身の李東元が外相就任。ここで一気に仕切り直しという感じですね。

李氏は外相就任を打診された際、朴大統領に「私に第二の李完用《イ・ワンヨン》になれというわけですね。わかりました。お国のためです」と言ったという話が残っています。李完用はいうまでもなく日韓併合に調印した大韓帝国の首相で、現在の韓国では国賊と教科書に記されている人物です。つまり、自分は後世、売国奴と呼ばれるかも知れないけれど、国を救う道はこれしかない、と。朴大統領と李東元外相の心意気が伝わってくるエピソードだと思います。

菅沼　そこは認めてあげるべきですね。とにかく、韓国側も必死だった。

――逆に言えば、朴正煕も李東元も、李完用の英断（日韓併合）こそが、当時の朝鮮を救ったという事実をわかっていたということです。李完用は終生、日本語を話さず、日本人の役人と会話するときは英語で通した、それほど民族意識の強い人でした。彼が売国奴であるはずがない。現在、李完用の墓はもちろん、彼の息子の墓も暴かれて残っていないそうです。墓を暴くというのは、儒教社会において最高の辱めですが、李東元は自分の死後、同じ仕打ちを受けることを覚悟でこの大任を引き受けたということです。

菅沼　韓国でも、そういった、私欲を捨てた政治家がいるということです。それこそ李完用のようにね。

事実ではなく「そうであるべきだ」が韓国の歴史認識

――さて、六四年といいますと、日本はちょうど東京オリンピック（十月開催）を控えてお祭りムード、その直後に佐藤内閣が発足（十一月）で、同年暮に、第七次交渉が再開し、翌年（六五年）二月、椎名さんがソウルに飛んで仮調印と。とんとん拍子に運んでいますね。

菅沼　その席で椎名さん、あなたが先言ったように「（併合を）申し訳なく思い深く反省する」なんて言ってしまったんだから。上手く言わされたのだろうけど。

――村山談話、河野談話は一日にしてならず、ですね。結局、こういうことの積み重ねが土下座外交につながっている。戦後七十年の安倍談話にしても、それらを全否定することはできなかったわけです。日本人は、一度謝れば終わりだと考えるけど、韓国人は相手が謝ってから始まるんですね。どんどんと付け入ってくる。

菅沼　それとね、もうひとつ付け加えるなら、韓国では「そうあるべきだ」が歴史なんですよ。たとえば韓国の女性が日本の男に体を許すなんてことはあるべきではない、したがって、韓国の女性が日本人に売春なんてするはずがないと、こうなる。にもかかわらず慰安婦にされたのは強制されたからに違いない、いや、強制されたに決まっているんだと。韓国から見れば日本のような蛮族、夷狄《いてき》に誇り高いわが民族の女性が肌を許すはずはないということです。

併合前のことです。開国したばかりの朝鮮の釜山に日本の事務所ができたときに、大飢饉で日本人に女性が身を売って三日ほど生きながらえたということがあった。そしてそのときに日本人に身を売った女はすべて死刑になっているんです。要するに朝鮮の婦人がケダモノのごとき倭奴に身をゆだねることはあってはならないと。実際、日本人の男と交わったら死刑という法律があったんです。しかしそのとき死刑にされた女性がなんと言ったかというと「三日間でも生き延びられて幸せだった」。これがなければ三日前に餓死していたと。こういう話があるんです。

——その話は何かで読んだことがあります。日本人蔑視、これこそが民族差別ですよね。

菅沼 日本人と寝ることは罪とされた。強制されたということで初めて罪が許されるのです。むしろ（強制されたと証言した）慰安婦は受難者で聖女なんですよ。

——興味深いデータがあります。一方、日韓併合時代、朝鮮総督府は内鮮一体のスローガンのもと、内地人と半島人の結婚を推進しましたが、内地人男性と半島人女性のカップルよりも半島人男性と内地人女性のカップルのほうが圧倒的で、一対二の割合だったそうです。

菅沼　だからわれわれは、証拠をつきつけて真実の歴史をきちんと見せなくてはならない。ところが日本人は特質としてあまりおこがましく自己主張をすることをよしとしない。遠慮するとか思いやるとかが日本の美徳、ところがそれを韓国は付け込んでくるんです。

「秘苑」——民団の迎賓館と呼ばれた妓生ハウス

——ところで、日本にも高級妓生ハウスがありましたよね。韓国の要人やＫＣＩＡの幹部と日本の政治家が密談する場所であることは公然の秘密とされ、駐日韓国大使館の「迎賓館」などと呼ばれていたようです。

有名なところでは、町井久之（鄭建永）の銀座「秘苑」、湯島「秘苑」（旧「城園」）があります。先ほどから名前が出てくる金鍾泌や李厚洛といった人も日本に来るたびにここに寄っていたようです。

菅沼　他にもいろいろありましたよ。新宿（「錦龍閣」）とか芝高輪（「梨光苑」）、六本木とかにもね。大阪には「徳寿宮」、「万寿台」という大きな料亭があった。

——「秘苑」がオープンした当時（一九六六年）、国会（二月の衆議院予算委員会）で社会党の戸叶里子議員が「韓国政府発行の外交官のパスポートで妓生が入国している」とスッパ抜いて大騒ぎになりました。また、自民党の議員、特に青嵐会の連中が「秘苑」で怪しげな接待を受けているとも追及されています。

菅沼　別に間違っていないんじゃない。外交官のようなものでしょ、国の命令で来ているんだから（笑）。当時はいまと違って、そんなに簡単に日本に来れなかった。妓生を管轄していたのはどこか？　ＫＣＩＡです。いうならば、妓生はＫＣＩＡのエージェントだ。在日ヤクザも民団もすべてＫＣＩＡにつながっているのです。当然、自民党の議員ともつながっている。いや、つながっていた、というほうが正しい。

――ああ、自民党も当然、黙認と。当時は日本の球団に所属していた韓国人選手（白仁天《ペク・インチョン》）も軍人の待遇で入国していたそうですからね。なぜかというと、向うには兵役がある。兵役を免除するために、駐日大使館付きの軍人が余暇を利用して野球をしているという建前らしいのです。お膳立てを整えていたのはＫＣＩＡでしょうね。そのような内容の報道も読んだことがある。この選手、帰国後、なんと姦通罪で逮捕されるというおまけがついた。韓国では姦通罪がなくなったのはつい最近（二〇一五年二月）のことだというのも驚きでした。

同胞よりも日本人を信用する朝鮮人

――それとは別の話なのですが、「秘苑」の代表取締役に元横浜入国管理事務所所長・高木民司氏が天下りしていることもその後、国会で取沙汰されましたね（一九七三年十一月の衆議院予算委員会）。パチンコ産業に警察官僚が天下りするようなものですか。

菅沼　朝鮮人というのは、在日も含めて基本的に同胞を信用しないのです。経理とか肝心なところは日本人を使う。

——韓国人同士だと袖の下とか、あるいはコネ入社の便宜だとか、面倒臭いということが多い、と、これはある韓国人事業家も言っていました。

菅沼　まあ入管の人物に声をかけたというのは、女の子の入国に際していろんな便があったからなんでしょう、恐らくね。私の事務所にも、こういうようなところ（韓国パブ）に出入りしている政治家からしょっちゅう電話かかってくるんだから。「なんとかしてくれ」と。密入国じゃないけど期限が切れていたとかもう少し延長できないものか。いい知恵ないかと。入管なんてその最たるものでしょ。入管の人脈を抑えておくというのは。もっとも、いまはそんな必要はないだろうけど。

アメリカに殺された日韓の政治家たち

——その「秘苑」のオーナーだった町井久之氏も、親分だった児玉誉士夫がロッキード事件で失脚してから、彼自身の命運も尽きてしまった感がありました。一連のロッキード騒動では、町井氏や「秘苑」の名前もたびたび取り出されていました。実際、児玉が朴正熙にロッキード戦闘機の売り込みの口利きをしていたという話もあって、確かにいろいろな密談が「秘苑」を舞台に行われていたわけです。アメリカは最終的に韓国にも斬り込んでいく気だったのかもと思います。当時、朴政権とアメリカの関係はぎくしゃくし始めていましたし。

どちらにしろ、児玉の失脚で、日韓関係もいろいろと潮目が変わったといえるかもしれません。

菅沼　ロッキード事件に関していえば、田中角栄の対中接近とエネルギー政策の転換が、石油メジャーを抱えるアメリカの怒りを買ったのが発端です。アメリカに逆らう奴は政治生命を失うか、最悪の場合は本当の命の方まで落とすことになる。古くは重光葵《まもる》、一九五六年（昭和三十一年）の日ソ会談で、北方領土二島返還で手打ちしようとしたところ、ロンドンでダレスに脅かされた。あの人も不審死だ。石橋湛山、大平正芳……中川父子（一郎、昭一）も。昭一さん、日本も核武装を検討すべきだ、なんて発言してライス（国務長官）を慌てさせた。みんな変な死に方しているでしょう。そして朴正熙、盧武鉉《ノ・ムヒョン》もだ。

【解説】歴史は妓生ハウスで作られる

日韓交渉の経過については巻末の年表を参照していただくとして、ここでは妓生を中心に少し解説しておきたい。

妓生の歴史は古く、三韓時代の新羅にさかのぼるといわれるが、その起源には諸説がある。本来は外国の使者や王族、高官を歌舞音曲や詩歌で歓待した宮妓を指した。巫女と同じく妓生もまた階級でこそ奴婢に相当するが、王族、両班に仕えることから、それなりの地位を与えられ教養を身につけていた。妓生も巫堂《ムーダン》も朝鮮文化を語る上で欠かすことのできない存在であるが、ともに歌舞に長けていたことなど考えあわせると両者の間には何らかの関連があったとも考えられる。

妓生がもっとも栄えたのは李朝時代だった。とりわけ、色好みの暴君で仏教の弾圧者として知られる十代・燕山君《ヨンサングン》は、妓生・張緑水《チャン・ノクス》を側室に召し上げた他、名刹円覚寺《ウォンガクサ》から僧侶を追放し妓生置屋に変えて、処女といわず人妻といわず、美女と聞けば強引に奪いとって妓生として育成し淫蕩な快楽に奉仕させたという。いわば、円覚寺こそは元祖妓生学校であり妓生ハウスかもしれない。

日本の併合時代、妓生は、内地式の公娼制度に組み込まれた。いわゆる一牌とよばれる歌舞専門の高級妓生も健在で、当時「ポリドールの歌姫」といわれ内地でも多大な人気を博した歌手・声楽家の王寿福《ワン・スブク》は妓生学校出身であった。

さて、話は戦後（光復後）に飛ぶ。

朴正煕政権と妓生は切っても切れない関係にあった。

朝鮮戦争後の韓国の高度成長、いわゆる「漢江の奇跡」を支えたのは、①に日韓基本条約による日本からの有償無償の莫大な援助（有償借款二億ドルも未だ返済されていない）、②にベトナム派兵による特需、③に在日同胞による黒いカネ、白いカネ含めた寄付、献金、そして、④が国策による妓生観光での外貨獲得である。もっとも④に関しては、その顧客はほとんど日本人であるから、②を除けば、すべて日本から渡ったカネということになる。大韓民国は日本（のカネ）が作った、などというと韓国人は激怒するかもしれないが、それはある意味ではまぎれもない事実でもあるのだ。

朴正煕はその他、外交のための接待や側近・部下の慰安などに積極的に妓生を使ったことは知られているが、彼と妓生の縁は深い。こんなジョークがある。

「金日成は白頭山の野営地で政権をスタートさせたが、朴正煕政権は妓生ハウスからスタートした」

一九六一年（昭和三十六年）五月十六日、軍事クー・デターで実権を握ることに成功した朴正煕だったが、肩書きはあくまで彼が作った国家再建最高会議の議長である。当時、形式上とはいえ尹潽善《ユン・ボソン》が大統領職にあった。これは朴が、政権基盤を固めるまで尹潽善をお飾りとして置いておいたということでもある。織田信長が事実上、天下を掌握しながらも、足利義昭を将軍職に就かせていたのと似ている。

朴正煕はクー・デター後、配下の軍人に命じ、めぼしい政治家、政府要人をソウル孝子洞にある白雲台《ペクウンデ》という妓生ハウスに軟禁した。ここで色と恐怖による懐柔が行われていたのは想像に難くない。並み居る政府側近の中で真っ先に軍政府に忠誠を誓って転向したのは初代情報研究室長の肩書きをもつ李厚洛だったという。

いささか脱線するが、李厚洛という人物についても少し触れておきたい。彼こそが韓国の性接待外交を象徴するような男だからである。

後述する金大中事件のキー・パーソンとしても知られる李厚洛は、一九二四年（大正十三年）、慶尚南道生まれ。旧日本陸軍少年航空隊の志願兵として伍長で終戦を迎えている。朴正煕に忠誠を誓ったあとは、同政権下で大統領秘書室長（第三代）、在日大使、ＫＣＩＡ部長（第六代）と要職を歴任し、金鍾泌（国務総理大臣・初代ＫＣＩＡ部長）とは朴正煕政権の両輪、大政・小政として君臨している。

ＫＣＩＡ時代は長男や娘婿を秘書に据え基盤を固め、息子たちを通して財閥と姻戚関係を結び財界にコネを広げた。サムスン財閥の李秉喆《イ・ビョンチョル》や和信デパートの朴興植《パク・フンシック》と組んでのソウルの土地買い占めと「濡れ手で粟」の転売ビジネスは語り草となっていて、なるほど「結構なワル」ぶりである。

一九七一年（昭和四十六年）十二月、ソウルに建つ地上二十二階のホテル、大然閣《デヨンガク》が一階喫茶室のプロパンガスの爆発という信じがたい事故によって焼失、一六三人が命を落とすという大事故があったが、このホテルの実質的なオーナーが李厚洛だった（名義上は金用山《キム・ヨンサン》）。建設費の六百万ドルは日本からの借款だという。いうならば、日本の援助が彼の懐を膨らませたということになる。

カネとくれば、お次は色で、こちらのほうもお盛んだった。お相手は、妓生やホステスといったプロの女性から女子大生、女優、タレントの卵に及んだ。当時、韓国の芸能人はひとりの例外もなくＫＣＩＡの管理下にあったから、タレントに手をつけるのは役得ぐらいの感覚だったのだろう。当然、女優やタレントも特殊な接待に利用されるわけだが、この体質はいまもあまり変わりなく、これを苦にして自殺する女性芸能人のニュースは時折り日本にも伝わってくる。

もともと韓国では日本と同じく芸能の興行を仕切っていたのはヤクザ（カンペ）だった。朴正熙は大々的なヤクザ撲滅作戦を展開、彼らのシノギの種である芸能と売春を取り上げてKCIAを通じて政府がこれを管理したのである。つまり、KCIA自体が巨大な芸能プロダクションでもあり、政府直属の性風俗産業の元締めでもあったのだ。

一九七八年（昭和五十三年）には、李厚洛の愛人だったという日本人女性が週刊誌上に登場し、ちょっとしたスキャンダルにもなった。この女性は元赤坂芸者で現役時代は千夏と名乗っていた。李厚洛が大統領秘書室長時代（一九六三〜六九年）に訪日中、在日韓国人実業家M氏（と記事にあるが、町井久之であろう）のお座敷で出会い、そのまま夜を共にしたという。在日本大使として赴任してきた一九七〇年（昭和四十五年）に再会。そのときは日本人財界人S氏（不明）の酒宴である。以後、李がKCIA部長の任にある三年間（一九七〇年〜七三年）を通して愛人として彼につくしている。

大然閣ホテル火災。1971年のクリスマスの惨事。内装がすべて可燃性素材だったために瞬く間に燃え広がり、ビルは全焼した。

都内にマンションをあてがわれ、月々の手当て二十万円はS氏を通して払われたという。その間、彼女は二十回以上渡韓しており、大然閣ホテルの火災には、まさに同ホテルで逢瀬を楽しんでいるときに遭遇している。李のはからいで大統領官邸（青瓦台）で朴正熙に面会したこともある。朴大統領は彼女に「ようこそいらっしゃい」と日本語で挨拶したとのことだ。その他、李の部下（ＫＣＩＡ）で当時在日大使だった金在権《キム・チェゴン》や大蔵大臣時代の福田赳夫、田中角栄首相の名前も記事中に登場する。なかなか生々しい〝告白〟である。二人の関係は金大中事件で李厚洛が失脚することで自然解消したようだ。（「私は〝日韓版デヴィ夫人〟だった」週刊ポスト、一九七八年四月十四日号）

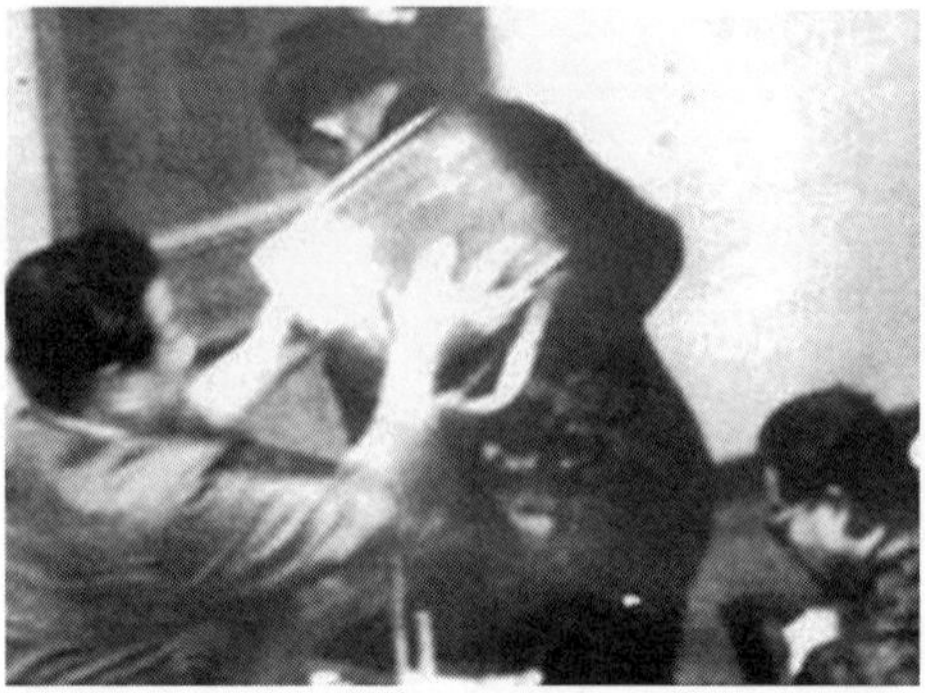
金斗漢（手前、アルミ缶の男）に汚物攻撃を受ける丁一権（右端、メガネの男）。

　二〇一〇年（平成二十二年）八月、ソウル鍾路区三街に建つ高級料亭・梧珍庵《オジンアン》が惜しまれながら、その六十余年の歴史に幕を閉じた。既に清雲閣なく、大元閣なく、三一独立運動に縁の深い泰和館も、その本館で、李完用も通いつめたという老舗の明月館もなく、三清閣も建物のみを遺物として姿をとどめる中、梧珍庵は最後の伝統的妓生ハウスとして一般向け観光ガイドブックにも紹介されるスポットだったが、時代の趨勢には抗えなかったようだ。

　多くの文人墨客、政治家に愛された梧珍庵だったが、その常連客の一人に伝説の侠客・金斗漢《キム・ドファン》がいた。ヤクザ（愚連隊）から反共の闘士となり、国会議員にまで昇りつめた男で、彼の生涯は幾度か映画、ドラマ化（最近では『野人時代』が有名）されている。彼が無所属で立候補した際、熱烈な支持者として当選に導いたのが、遊興街の妓生たちだったという。議員としての金斗漢は、一九六六年（昭和四十一年）、サッカリン密輸事件に時の国務総理（第九代）・丁一権《チョン・イルグォン》が関わっていることに憤慨、国会で丁に向かってアルミ缶に入った汚物（糞尿）をぶちまける有名な事件を起こしている。

梧珍庵は六〇～七〇年代にかけては、もっぱら料亭政治の舞台として知る人ぞ知る存在となっていた。政財界の大物が集うだけでなく、海外から来た高官の接待にもたびたび用いられた。ここをホームグランドにしていたのが他ならぬ李厚洛ＫＣＩＡ部長であったのである。北朝鮮の朴成哲《パク・ソンチョル》第二副首相との会談がなされたのも梧珍庵だという。

それだけではない、ここは日本人向け妓生ツアーの派遣業務の総本山だとするのは、亡命韓国人女性ジャーナリストで、通信社ＵＳアジアン・ニュース社長の文明子（故人）氏だ。一九七三年十二月、彼女が同紙を通じて発信した「李厚洛その隠された履歴」というレポートによると――。

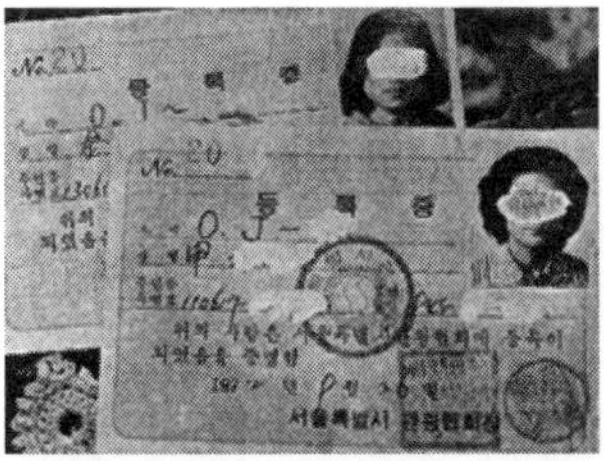
妓生登録証（通称・衛生カード）。政府公認の妓生の証。

《この女性（引用者註・観光ガイドという名目で日本人観光客の相手をする妓生）の背後には、ＫＣＩＡが存在し、女性たちは一定金額を稼がねばならず、その一部をＫＣＩＡに〝献金〟しなければならない。

この売春による外貨獲得の利権は、ソウル鍾路区三番街にある高級料亭のマダムを〝フロント〟にしている。これを通じてＫＣＩＡは、可憐な女性が、外人、とくに日本人観光客から夜の仕事で稼いだ、血の出るような

ありし日の仙雲閣。清雲閣、三清閣とあわせて「三閣」（さらに大苑閣を加えて「四閣」）と呼ばれた由緒ある妓生料亭。

金を搾りとっている。しかもＫＣＩＡは、いわゆる〝衛生カード〟を発行し、それを持たない一般売春婦が、横から入ってくるのを禁止している。》

店の名前こそ明らかにしていないが、梧珍庵であろうことは推測できる。ＫＣＩＡが営業証を発行し、女性たちに観光客向けの売春業をさせ、その上がりの一部を巻き上げているというのである。彼女たちはいわば準公務員の売春婦となる。この国家売春の総元締めが朴槿恵《パク・クネ》の父上、朴正熙大韓民国大統領だったのだ。

《ＫＣＩＡは、こうして半ば公然と売春を営業しているのだがこれは一方では、李厚洛の組織された情報収集の手段としても利用された。ＫＣＩＡは女性たちを外貨獲得の愛国行為と励ましながら、日本観光客や訪韓した日本の有力者の動きをつかむ手段としていたのである。》（文明子）

閨のできごとはすべて李厚洛に筒抜けということか。こうして弱みを握られた日本の政治家や財界人はどれほどの数に及ぶだろう。評論家の中保与作氏はある週刊誌のコメントで、ソウルの清雲閣という有名な妓生ハウスで、大野伴睦や伊藤忠の重役たちが金鍾泌と遊んでいるのを目撃したと語っている。

しかし、妓生がらみのスキャンダルでなんといっても衝撃的だったのは、一九七〇年（昭和四十五年）

三月に起こった鄭仁淑《チョン・インスク》殺害事件であることに異論はあるまい。事件というのは、妓生ハウス仙雲閣の売れっ子妓生・鄭仁淑（本名・鄭金枝）が実兄の運転する車で漢江沿いの麻浦《マーポ》区付近を高速道路を移動中、物陰から出てきた〝何者か〟に狙撃され死亡するという（実兄の証言）ショッキングなものだった。

鄭は女優上がりの美貌で政財界にも広く知られた存在だったという。もっとも妓生といいながらも、舞踊や楽器の素養に関しては怪しい限りで、いわゆる〝枕〟専門だったらしい。とはいえ、彼女のお相手は政府高官や財閥の子弟といったVIPクラスばかりであり、さらには日本やアメリカの政治家も彼女の密戯の虜になったともっぱらの噂だったという。いうならば、韓国のデュ・バリー夫人である。

実は彼女、独身でありながら、事件の三年前に父親不明の男児を出産していた。その子の父親を巡っては、彼女自身が朴正熙大統領であることをほのめかしていたともいわれ、また、丁一権首相から養育費とも思われる手当が毎月払われており、彼が父親でないかという説も濃厚だった。さらには李厚洛や朴鐘圭とも関係があったことも明らかになっている。そもそも、朴大統領に彼女をあてがったのは朴鐘圭だったという。

どちらにしろ、事件時、彼女が乗っていたコロナのナンバーが、政府高官用のものだったことからも、単なる高級コールガール以上の地位にあったのは確かだった。同時に彼女と長男の存在は常に朴政権中枢の頭痛の種だったのは理解できよう。「私が一言いえば大使のクビくらいすぐにすげ替えることができる」と豪語していたという証言もある。

そのためか、一時期、朴鐘圭によって母子が東京に処払いされていたこともあった。東京での彼女の生活の面倒を見たのが朴鐘圭のヒョンニム、町井久之だったという。白河開発に絡む韓国外換銀行による東亜相互企業への多額の融資は、鄭仁淑母子を支援したことへの見返りでもあったのだ。

さて、事件の方はあっけなく〝解決〟した。運転手であった兄・鄭宗旭が自分の犯行であることをすんなり認めたのである。確かに、標的の胸部と頭部ふたつの急所を射抜くほど冷酷で手段にぬかりのない犯人が、最大の目撃者であるはずの運転手を仕損じるというのはどう考えてもおかしい。最初から狂言であることは明白だった。同時に別の疑問も残る。二人の間にどのような愛憎があったかは知らないが、肉親に対する殺害としてはあまりにもやり方が残虐過ぎるのだ。動機の面もいまひとつ明らかにされていない。何よりもこの事件を担当、当初単なる物盗りの犯行として処理しようとしたのが、釜山署から麻浦署に赴任してきたばかりの所長・李居洛《イ・クラク》、つまり李厚洛の実弟だったというのも、どこか解せないものを残している。事件の真相はいまも藪の中にある。

鄭仁淑と息子・昇一。丁一権が父親であるということは今では定説になっている。遺された彼女の手帳には、26人の政府高位者の名前と電話番号が記されていたという。

ちなみに、鄭仁淑の長男・昇一《ソンイル》氏は一九九三年（平成五年）、丁一権に対する親子確認訴訟をソウル地方裁判所に提訴する。しかし、判決を待たぬまま、丁一権は病死。また、朴槿恵は二〇一二年（平成二十四年）に上梓した自伝『絶望は私を鍛え、希望は私を動かす』（晩聲社）の中で、昇一氏が父・朴正熙の落し胤であるという噂を一笑に付している。

日本国内で最古の妓生ハウスに関して確認できるものは、一九二〇年代に東京赤坂にあったといわれる「明月館」である。庭園と池まで供えた本格的作りで、総統府関係者や政財界の大物でにぎわい、李垠《イ・ウン》殿下夫妻や作家・李光洙《イ・グァンス》（のちに香山光郎と改名）も訪れたことが記録に残っている。オーナーは平壌の妓生出身の盧瓊月《ノ・キョンウォル》という女性で、ソウルの老舗妓生ハウス「明月館」（オーナーは安淳煥《アン・スンファン》）と何らかの関係があるのかは不明。この赤坂「明月館」の跡地にできたのが二・二六事件ゆかりの日本旅館「幸楽」で、この「幸楽」が空襲で焼失後、戦後建てられたのが、昭和裏面史に名を残すホテルニュージャパンというのも何かと因果を感じずにはいられない。そのホテルニュージャパンも一九八二年（昭和五十七年）、失火により焼失している。同ホテルに隣接していたのが、力道山刺傷事件の舞台となったニューラテンクォーターであった。

戦後に日本に妓生ハウスがお目見えするのは、基本条約が締結される三年ほど前、日韓交渉真っ只中の一九六二年（昭和三十七年）ごろ。一説によれば、当時の韓国代表部（事実上の大使館の役目を果たした）が、本国から訪れる外交官の接待用に妓生を置くことを許可してほしいと要望があり、それが前例となって日本の外務省の役人や貿易商社の社員も出入りするようになったのだという。陰の責任者は金鍾泌直系の崔《チェ》参事官だともいわれている。むろん彼もＫＣＩＡの手の者だ。当時、妓生は「芸術使節団」という名目の公用旅券で堂々と入国していた。表向きは観光事業だが、諜報活動の舞台としても使われていたのは言うまでもない。

日韓基本条約締結時の一九六五年（昭和四十年）には、都内の名だたる店だけでも六軒、関西（京都、大阪、神戸）にやはり五、六軒の妓生ハウスがあり、妓生の人数は全国で三百――とはいってもあくまでこれは芸をもった正統派で、〝枕〟を本業にするものを含めると五百人以上といわれた。彼女たちは二十～三十人のチームを作り、三カ月のローテーションで来日、帰国を繰り返すので数字はあくまでのべ人数。おそらく、正確な人数を把握していたのはKCIAだけであろう。

町井久之が銀座に妓生ハウス「秘苑」をオープンさせたのは一九六六年（昭和四十一年）、基本条約締結の翌年のことである。金鍾泌の要請によるもので、KCIAの後押しがあったのは明白だ。秘苑《ピウォン》とは李王朝の離宮・昌徳宮の庭園の名称をただいたもので、韓国人には比較的ポピュラーな名称らしく、現在でも「秘苑」という名の焼き肉レストランや特殊浴場は全国に散見している。

完全主義者の町井だけあって、内装は細部までこだわり、調度品も韓国から最高級の本場物を取り寄せていた。既に国務総理の要職にあった金鍾泌が来日するたびにここで日韓の秘密会談が設けられていたのは語られているとおり。しかし「迎賓館」としてはやや手狭だったので、旧知である城山圭振（町井とは旧知の在日・韓国名不明）の経営する湯島「城園」を吸収し、姉妹店の湯島「秘苑」とした（新装開店は一九六八年）。町井時代の一九七二年（昭和四十七年）四月には、「無許可の風俗営業」で検挙されたこともあった。そのとき同店の店長（城園観光代表）だったのが元自民党代議士・平井義一である。こんなところにも当時の自民党と韓国、および民団の癒着ぶりが見え隠れしている。平井は罰金刑に処されている。

湯島「秘苑」は「城園」時代から、地下に「特別室」と呼ばれるVIPルームがあることが確認されている。ここでは、「日韓議員親睦会」という名目でたびたび宴会が催されていた。日本側の主要メンバーは、のちに女性スキャンダルで首相の座をわずか六十九日で明け渡すことになる宇野宗佑を筆頭に、渡辺美智雄、中川一郎、藤尾正行、石原慎太郎といった、青嵐会や中曽根派の議員たちである。これに、当時の防衛庁長官山中貞則がたびたび加わったという。

　青嵐会は一九七三年（昭和四十八年）、自民党右派の若手議員三十一人で結成された政策集団で、外交姿勢は反中国、親台湾、親韓国だった。一九七七年（昭和五十二年）、朴政権に反旗を翻し米国に亡命中の元ＫＣＩＡ部長（第四代）・金炯旭《キム・ヒョンオク》が、米国下院の公聴会で「青嵐会は李らの資金援助によって設立された」と発言するが、同会の中心的人物だった中川一郎はこれを強く否定している。金の発言が事実なら、「秘苑」が青嵐会誕生に一役買っていたということになるかもしれない。

　その金炯旭も一九七九年（昭和五十四年）十月、パリで暗殺されてしまう。朴正熙暗殺の実行犯でもある第八代目ＫＣＩＡ部長・金載圭《キム・ジェギュ》の配下の者の仕業だといわれている。これもまた多くの謎を残す事件となった。

（但馬）

六章　政治を動かしたヤクザ人脈

日本外国特派員協会の私（菅沼）の発言は高山登久太郎の言葉

――菅沼先生といえば、やはり何といっても二〇〇六年（平成十八年）十月十九日の日本外国特派員協会での「ヤクザの全構成員のうち六〇％が同和地区の出身者で三〇％が在日韓国朝鮮人」という発言です。この発言が世間に与えた衝撃は大きかったと思いますが。

高山登久太郎。理論派。彼を最後の侠客と呼ぶ人も少なくない。

菅沼　あれは私の発言ではなく、四代目会津小鉄会の故・高山登久太郎（姜外秀《カン・ウェス》）氏の言葉です。それがいつしか私の言葉であるかのように伝わっているようだけどね（笑）。在日に関しては三割じゃない五割だ、という幹部もいるくらい、在日とヤクザの関係は深い。稲川会のボス・清田次郎（辛炳圭《シン・ビョンギュ》）も在日です。

あの講演をセッティングしたのはベンジャミン・フルフォード氏でした。私は担ぎ上げられたようなものだよ（笑）。外国人記者向けの講演でしょ、ヤクザはそのままYakuzaでいいんだが、同和をどう英語にしたらいいか、同時通訳もあれこれ悩んだようだ。

ヤクザは「同和対策事業」

菅沼　あの言葉を高山（登久太郎）から聞いたのは、彼と京都祇園で、芸妓をあげて飲んでいるときだった。だからよく覚えていますよ。

ところで、あなた、京都の料亭にいくと赤い壁をしているでしょう、なぜだか知ってる？

――祇園なんかで遊べる身分ではないので、わかりませんよ（笑）。

菅沼　赤い壁の塗ってあるところに入ると、あなた方はこれで現実の世界とは別の世界になるんですよという意味です。

――江戸時代の吉原と一緒ですね。

菅沼　吉原もそうだね。ここは別世界――いうならばバーチャル、幻想世界で、だからここで舞妓や芸妓と惚れた腫れたといって、たとえ一夜を共にしたとしてもそれは夢の世界のお話だと。ところがときどき岡惚れしたバカな客が、女の子がどこに住んでいるのかとか、あれこれ詮索したりする。そういうヤボなことはおよしなさいよ、赤い壁の中で会うときは女の子も別の人格なのだから。

それと同じで、ここ（祇園）に入って来る男性は、京都市長だろうが、京都府警本部長だろうが、松下幸之助だろうが、ヤクザの親分であろうが、みんな平等なんです、この世界では。普通のお客ですよ。そういう世界のものだから差別などないわけです。

――吉原がまさにそうでした。たとえ大名であろうと、駕籠や馬で大門はくぐれなかった。武士も町人も皆同じ。遊ぶときも刀は帳場に預ける仕組みでした。考えてみれば、これほど平等な空間はありません。あるのは純然たる資本の論理だけれど、太夫になるとお客を選べましたからね、金だけがモノをいう世界ともまた違う。どんな大金出そうが、振られるヤツは振られる。

菅沼　高山は、「われわれの世界も同じだよ」と言った。そして「われわれのやっていることは同和対策事業だ」と。

――つまりヤクザの構成員として彼ら（同和出身者）を引き入れているんだよと？

菅沼　そうです。彼らは普通の世界では差別され虐げられ一人前に生活できないと。たとえば刑務所に入ったような人は半端者としか扱ってくれないけど、ヤクザの世界では刑務所から出てくれば、これは勲章になる。堂々と胸を張って生きてられる世界というのはヤクザの世界だけなんですよと、彼は言った。それが彼のいう「同和対策事業」の意味。その流れで出たのがあなたの言った冒頭の言葉です。

敗戦後横暴の限りをつくした「第三国人」との戦い

――なかなか含蓄のある言葉ですね。人間力のある人ですか、高山さんは。

菅沼　いい漢《おとこ》だったよ。……私より七つくらい年上だったかな。大阪の今里で生まれて、戦争中は十代の多感な頃で、当時は予科練に入って特攻隊に志願するつもりだったと言っていました。お国のために死のうと。ところが、予科練に入るための書類を作っているうちに、終戦になってしまい望みはかなわなかった。

終戦後の動乱期、関西でも特に大阪中心に朝鮮人が闇市を占拠して、彼らはわれわれは戦勝国民だ、われわれに裁判権は及ばないんだ、などと主張してやりたい放題やった。いわゆる第三国人というやつです。朝鮮人、それから台湾人だね。占領期の警察は彼らの横暴になす術もなかった。

そんなとき、予科練から帰って来た日本の若いのが、これは見ちゃおれんと、三国人相手に抗戦をした。当時、ＧＨＱの団体等規正令（団規令）で、山口組などすべてのヤクザ団体は「国家主義的団体」ということで解散させられていました。だから組というものはなかったわけです。それで予科練組がいわゆる愚連隊を結成して朝鮮人とやり合った。むろん、高山登久太郎もこのとき大阪にいました。彼も腕っぷしには自信があった。ところが彼は他の三国人とは違っていた。

「菅沼よ、私は日本の愚連隊と朝鮮人が争っていたとき、朝鮮ではなく日本側に立って戦ったんだ」

高山さんはそうしみじみ言ってました。

――民族ではなく、弱者の味方に立ったと。なるほど義俠心ですね。

町井久之にしても、戦後、初めて祖国である韓国を訪れて、地元の記者に、八月十五日の敗戦、彼らに言わせるところの光復のとき、どのような思いだったかと聞かれ、「祖国が解放されたのは正直嬉しかった。同時に日本が負けたこともとても悲しかった」と答えたといいます。これは偽らざる言葉だと思います。韓国では不評だったそうですが。

「日本人よりも日本人」

菅沼　昭和二十七年（一九五二年）、日本が主権を回復すると同時に団規令が失効し、山口組などヤクザ団体が再建され、高山も中川芳太郎組長の中川組に入り、ここから彼は任俠の道をスタートさせることになります。

会津小鉄会の名前の元になった、会津の小鉄というのは本名・上坂仙吉という実在の俠客です。幕末のころの京都に、会津の殿さま（松平容保《かたもり》）が、京都守護職に任命され京都の治安を守りにきたとき、武士だけでなく、火消しであった小鉄も部下を連れて京都に乗り込んできたわけです。侍が治めるのを補助するために。裏の世界の治安を守るのが彼らの任務でした。このように、幕末の混乱期、武士の手が回らなくなった京都の治安を守っていたのは、任侠の連中なんですよ。

――新選組だって、そもそもは町道場に集まったケンカ自慢のチンピラ、ちょっと古い言葉でいえばチーマーみたいなものでしたものね。それが担ぎ出されて京都で公安警察のようなことをやる。

菅沼　新選組は、江戸幕府に雇われていた要はヤクザです、実態は。小鉄は新選組と一緒になって任務に当たっていたのだから。

ところがその後、戊辰戦争が起こった。鳥羽伏見の戦いに敗れて会津の戦士はみなやられましたが、徳川公が逃げたために会津藩士の死体は転がったままだった。賊軍の死体だ、といって誰も供養もしてくれないときに会津の小鉄が部下を使って遺体をみな集めて黒谷というところで、荼毘に付して丁重に葬った。

――同じころ、清水港で新政府軍に壊滅され海に浮いていた咸臨丸の浪士の遺体を引き揚げ丁重に葬ったのは清水次郎長とその配下でした。船に引き揚げると首のない死体とかもあったそうです。当然、新政府軍からは睨まれますが、次郎長親分は「ホトケさんに官軍も賊軍もない」と動じなかった。これを聞いた榎本武揚はいたく感激し以後、次郎長親分と親交を結ぶんです。確か、次郎長の墓碑は榎本の揮毫だったと思います。任侠という人たちの心意気がなんとなくわかるような気がします。まあ、裏の仕事ですね。

菅沼　小鉄の子分筋の末裔が高山の親分・中川芳太郎です。そのころ、京都も含め大津の一帯は中島連合という組のシマだった。図越《ずこし》利一は中島連合の二代目で、三代目が中川組の高山登久太郎、彼が会津小鉄の名跡を復活させて三代目会津小鉄を名乗ったわけです。中川組の親分が高山に俺の跡を継げと言ったとき、高山は「私は朝鮮人だから」と断った。しかし、中川芳太郎組長は「朝鮮人であろうと日本人であろうとどうでもいい。お前は俺が見込んだ男なんだから親分になれ」と。それで彼が会津小鉄と関係の深い中川組の組長になった。

そのとき高山は「俺は朝鮮人だけど、そこらにいる日本人以上に日本人のつもりだ」と言ったともいわれている。彼のその覚悟は、闇市のときに始まっているのですよ。

京都三条に、皇居に向かって望拝する高山彦九郎（江戸末期の勤皇思想家）の有名な銅像がある。そのすぐそばに、高山は「高山」というものすごく大きな焼肉屋を開いた。彼の高山という日本名も高山彦九郎に由来するのじゃないかと思うけどね。

山口組全国制覇最大の貢献者・柳川次郎との出会い

——高山さんとはどのような形で知り合われたのですか？

菅沼　その話にいくならね、まず、柳川次郎（梁元錫《ヤン・ウォンソク》）のことを語っておきたい。

——柳川次郎。この人も在日ヤクザの中では超大物ですね。町井久之が実業ヤクザの代表格なら、柳川氏は大阪の焼け跡を血しぶきに染めてのし上がったバリバリの武闘派でした。柳川組は別名・殺しの軍団。山口組の下部組織として同組の全国制覇の最大の貢献者とも言われていますね。

菅沼　先も申したとおり、朴正熙《パク・チョンヒ》の時代はＫＣＩＡが町井を使ってさまざまな対日の裏工作に当てていた。実はこのやり方は軍事政権特有の、というより軍隊のやり方を踏襲しているのです。一番末端の汚れ仕事をヤクザにやらせるというのはね。ちょうど日本軍が、児玉や矢次といった大陸浪人を使ったように。

　その朴正熙さんが殺されて、当時の国軍保安司令官だった全斗煥《チョン・ドファン》が政権を握って大統領になった。彼は軍隊の序列で言えば五十番目くらいで、到底大統

柳川次郎。彼が組を解散したきっかけは、ある在日少女の「あなたたちのおかげで私たちは恥かしい思いをしている」という新聞投書だったという。

領になれるタマではなかったわけで、いわば、朴氏暗殺のどさくさに紛れて政権を乗っ取ったようなものです。その意味では全政権もまたクー・デター政権と言えるかもしれない。彼には全敬煥《チョン・ギョンファン》という弟がおり、大統領警護室の下っ端にいた。朴正煕がKCIA部長の金鍾泌《キム・ジョンピル》を懐刀にして裏の仕事をさせたように、全斗煥はこの弟をセマウル運動の運動本部長につけ、この肩書きでさまざまな工作活動をさせたんです。セマウル（新しい村）運動というのは、七〇年代初頭、朴正煕が始めた農村の活性化運動のことです。

その全敬煥が在日ヤクザの柳川を拾ってきた。そして保安司令部と柳川を結びつけた。柳川というのは実は朴正煕の時代までは反韓だったですよ。韓国の大阪にある総領事館に単身殴り込みをかけるなど、めちゃめちゃをやっていた。

——軍事政権がヤクザが嫌いだったのですか？

菅沼　いや、そうではなくて、朴正煕が国内からヤクザを一掃したからです。

自国のヤクザを弾圧しても在日ヤクザは重宝した朴正煕

菅沼　ソウルにいたヤクザを全部済州島に連れて行き道路工事や建設現場で強制労働をさせた。済州島に行くとヤクザの作ったダムがある。朴正煕の時代はソウルの街ほど安全なところはなかった。ヤクザを一網打尽にしたから。

朴正煕は、町井のような在日ヤクザを工作員として重用しながら、一方で自国のヤクザ（カンペ）を徹底的に弾圧した。古老のヤクザの中には、いまも腰が九〇度に曲がっている人もいます。なぜかというと、ヤクザをひっ捕らえて拷問した。背も立たない箱のような狭い部屋に閉じ込めて、中腰で生活させるのです。それをずーっとさせられると腰が曲がったまま固まってしまう。

――それ、ソウルの西大門刑務所歴史館で、日帝が独立運動家に行った拷問として紹介されていますね。オリジナルは朴槿恵大統領のお父さんのヤクザいじめですか。ひどいな（笑）。

もともと駐韓米軍基地周辺の売春宿（慰安所）を経営していたのがヤクザたちで、一説によると、朴正煕はその売春宿の上り（利益）に目をつけ、慰安所を国営に組み入れるためにヤクザを潰したとも言われてますね。確かに韓国の米軍向け歓楽街、いわゆる基地村は朴正煕の命令で設置されています。

全斗煥。白虎部隊を率いてベトナム戦争にも従軍した経験のある根っからの軍人。

全斗煥も浄化作戦といってヤクザを徹底虐待しました。浮浪者やヤクザを教育し直すという名目で三清教《サムチョン》育隊なるものに入隊させ、公権力を使ってさまざまな拷問にかけていたことがのちに明らかになっています。なぜ、そこまでヤクザを憎んだのでしょうか。

菅沼　よく分かりませんが、あの二人は似たところがあります。要するに国家建設のため国民に軍隊的な規律を守らせるということだったんじゃないですか。軍隊の価値観をそのまま国政に当てはめた。

さきほど話した、腰の曲がった大親分は軍事政権をいまでも憎んでいます。そのせいか、韓国のヤクザはみな左翼政党の支持者です。面白いくらいに。

――金大中《キム・デジュン》、盧武鉉《ノ・ムヒョン》の支持層ということですね。

菅沼　そういうことです。大阪の在日ヤクザに「韓国に行かれるなら、盧武鉉大統領にお会いになりませんか」と言われたこともある。向うのヤクザに連絡して、盧武鉉に会わせる手配をとるとね。在日ヤクザはみんな韓国の大統領とつながっているのです。今も昔も。軍事政権も文民政権も変わらない。

韓国では英雄だった柳川とその三羽烏

菅沼　柳川次郎は、その度胸と統率力を見込まれて、全斗煥政権下の国軍保安司令部にリクルートされたわけです。当時、すでに組のほうは解散していましたけど。

そうしたら、柳川は韓国の軍に本当に忠誠を誓っちゃった。やはり祖国に対する思いは強い。それでとにかく日本で儲けたおカネをとことん祖国、特に軍に貢いだ。ただ個人的に献金しただけではなくて、韓国国軍士官学校の体育館まで建ててあげたんです。韓国国家そのものにおカネのない時代です。

そのためか、彼はとりわけ韓国軍においてはヤクザではなく、英雄として扱ってもらっていた。柳川さんが子分連れて韓国へ行くでしょ。金浦空港に着くと赤い絨毯《レッド・カーペット》が敷かれ陸海空に海兵隊の四軍の儀仗兵が捧げ銃で迎えたんだから。同胞といっても日本のヤクザです。それが国賓並みの扱いだ。

――町井久之に関しても、韓国の空港に着くと、朴大統領から使いの車が待っていて、パトカーが先導すると。これは社会党の小林進議員が国会で言ったことですが。どちらにしろ、歴代政権と在日ヤクザは切っても切れぬ仲というわけですね。

菅沼　柳川さんが訪韓するでしょ、そういうとき、お供をする秘書格――柳川の三羽烏、一人は小早川茂（崔茂珍《チェ・ムジン》）、もうひとりは亜細亜民族同盟の佐野一郎、この人はなんと公安調査官だった男。それから関西の大学の応援団長だった男。

――佐野氏は先生の同僚だったのですね。その人が柳川次郎の側近だった。

菅沼　中曽根（康弘）さんが首相になって最初に韓国を訪問したとき（一九八三年一月）、佐野のやつが「菅沼さん、中曽根を全斗煥に結びつけたのはわれわれだよ」と言ってたのを思い出します。巷間、瀬島龍三とかが旧軍のルートで全斗煥に（中曽根氏との）橋渡しをしたことになっているけれども、佐野の話もまんざら嘘ともいえない。中曽根さんも児玉ではないが、いろんなヤクザと付き合っていた。それで、中曽根の意向が全敬煥から、全斗煥に伝えられるというようなことで、このルートの可能性のほうが強い。そして柳川、全敬煥を通じて全斗煥は自分の稼いだ資金を日本に蓄積していたんです。

――でましたね、瀬島龍三。元陸士で伊藤忠商事会長（当時）。この人も政商、フィクサーとして知られた人です。むろん、賠償ビジネスで韓国に食い込んでいる。

菅沼　まあ、いろんなのがいたよ。日韓の間には。

――最近、全政権時代、韓国の裏金を日本でプールしていたという事実が表沙汰になりました。

菅沼　朴正熙が暗殺されたときに全斗煥がカネを含めいろいろと処理していたわけでしょ。青瓦台から大恩ある朴（正熙）大統領の一家を放り出したのは彼で、朴家は冷酷な扱いを受けた。これに対する恨みがあるものだから、朴槿恵が大統領になった途端に、全斗煥は（光州事件の主導者として）死刑判決を受けているのに、更に不正蓄財と称して全財産を没収された。ただ全斗煥もさるもので、大阪にまだ財産が残してあるんじゃないかと私は睨んでいる。全敬煥＝柳川のラインでね。

小早川は大阪で起きたイトマン事件に関わった男で、黒幕として一時大儲けしていました。横須賀の三浦半島にチタンで葺いた屋根の邸宅を作り、岩盤をくり抜いてヨットハーバーを作った。本人はパレロワイヤル永田町に住み、自分の女にはみんな和服を着せていた。

それで私が、なんで小早川（通名）っていうんだと訊いたら「俺は在日で常に自分を裏切ってばかりいるから、秀吉を関ヶ原で裏切った小早川（秀秋）を名乗ってるんだ」と言っていましたけどね。

――小早川氏という人はヤクザというより総会屋といったイメージのほうがぴったりときます。月刊『創』ももともと小早川氏がオーナーの総会屋雑誌でしたし。イトマンの弱みにつけ込んで、批判記事書く書かないで随分裏金貰ったなんて話も聞いています。

メディアをもつというのは、児玉誉士夫のやり方を踏襲しているのかもしれませんね。児玉は東京スポーツを買い取ったり、配下の者を各雑誌社に送り込んでいた。それから、いまは廃刊した内外タイムスのもともとのオーナーは台湾系の蔡《さい》長庚《ちょうこう》氏で、この人はキャバレーを手広くやっていて空手家でもあるという……。夕刊紙の生い立ちに関しても調べると興味深い事実がいっぱいあります。

菅沼　柳川も一時期新聞をもっていたはずです（「大阪報知新聞」。※読売系の「報知新聞」とは無関係）。

で、小早川はその後、没落したけれども、佐野は竹下登さんの事務所があった永田町のTBRビルに事務所を構えて、柳川が組を解散したあと作った右翼団体・亜細亜民族同盟の二代目会長に納まっていました。彼はその後、ビルの十階から飛び降り自殺（一九九九年）してしまうのだけれど、これも不可解な事件だった。それはそれで、佐野氏、生前はまあ悪いことばっかりやっていたよ（笑）。彼が福島テレビを脅かしてカネを取ろうとしたこともありました。それで、元警視総監の秦野章に福島テレビが泣きついてきたんです。

――福島テレビは、何か弱みを握られていたんですか？

菅沼　そうでしょう。秦野さんは公安調査庁の二部二課長や法務大臣（中曽根内閣）を務めて、私もたいへん親しかった。辞めてからも北野アームスに事務所があってしょっちゅう私は出入りしていました。ある日、「菅沼君、佐野知ってるだろうな」と言うからよく知ってますよと答えたら、佐野のところにいって下らないことするなと、ドヤし込みかけてこいと言われたよ。

公安調査庁と韓国軍の情報部を結びつけた矢次一夫

菅沼　私が公安調査庁に入庁した昭和三十四年ごろ、当初、関東公安調査局に配属された。そのころ公安調査庁の総務部長に宮下（明義）さんという人がいた。宮下総務部長が矢次一夫と懇意にしていてね。そこで、この矢次が公安調査庁と、まだ朴正煕がクー・デターを起こしＫＣＩＡができる前の話だけど、韓国の陸軍本部の中に、情報部というのがあり、その情報部と公安調査庁を結びつけた。

前にも言いましたとおり、矢次一夫は李承晩《イ・スンマン》大統領の時代、岸さんの命令で、日本で初めて大韓民国行きのビザをもらい渡韓した人物。岸さんが自由党の幹事長をやっていたときです。そのときに公安調査庁と韓国軍の情報部を結びつけたのが矢次一夫だった。以来、公安調査庁はＫＣＩＡになっても安全企画部になっても情報院になっても交流している。韓国とは深い関係があった。

――そこから公安調査庁と韓国の諜報組織との縁ができるわけですね。

菅沼　また宮下さんは日本空手協会とも縁が深くてね。その縁で一時は、拓大、駒沢、日大などの空手部の猛者ばかりが公安調査官になっていた。私も体育会系だったから、自然に彼らとつき合えた。その後空手組は全員辞めたが、中にはヤクザになったやつもいましたよ。佐野は右翼になった。関東公安調査局では、当時、そういう調査官に右翼の調査を担当させていた。

――佐野さんの紹介で柳川さんと会われたのですか？

菅沼　いや違う。朴正煕の死後、ＫＣＩＡが力を失って、代わりに駐日韓国大使館の武官室に保安司令部から要員が派遣されてきた。その武官室のあまり偉くない武官補佐官が着任のあいさつにきて、その後何度か酒を飲んでいるうちに柳川さんに会わないかということで、赤坂の韓国クラブで紹介されたんです。柳川さんとはその場ですっかり打ち解けてね、いましたような話をいろいろしてくれました。

その後、柳川次郎が和歌山の病院で亡くなったとき（一九九一年十二月）には、焼香に行きたかったんだけどね、立場上まずいだろうということで行けなかった。そのころです。武官室の補佐官から、「菅沼さん、本部から№2と3がアメリカ経由で日本に来ることになっているので会ってくれませんか」と言われて、熱海の伊豆山の有名な旅館に出かけた。そこで会津小鉄の高山さんと初めて会った。柳川さんの跡継ぎとして宜しくお願いしますと。日本にいる韓国系のヤクザというのは韓国政府というよりも情報機関と関係している人が多いんですよ。

――ヤクザを通して日本の情報も向こうへ行っているということですか。

菅沼　そうです。北朝鮮（総連）と闘うばかりではなくて、政界のスキャンダルとかなんとかいろいろあるでしょう、そういうことを彼らはよく知っていた。だって自分たちが情報を提供したりしているんだから。それは全部韓国の情報機関がつかんでいる。だからこそ日本の政界に影響力を行使できる。場合によっては情報機関を通じてカネもくる。

【解説】暴力から狡知の時代へ　変容する在日アウトロー

高山登久太郎に関しては本書を通してたびたびその名が登場するので、ここでは、柳川次郎、そして彼をとりまく在日人脈について触れておきたい。

柳川次郎は、本名・梁元錫《ヤン・ウォンソク》。一九二三年（大正十二年）、釜山で生まれ、幼いころ両親とともに日本に渡っている。日本生まれで日本育ちの高山登久太郎や町井久之とはこの点が大きく異なる。

生涯の盟友となる五歳年少の谷川康太郎（康東華《カン・ドンファ》）と知り合い、愚連隊の長として闇市を舞台に抗争を繰り広げていく。日本人ヤクザやテキ屋、あるいは台湾省民、気に入らなければMP（進駐軍憲兵）にもケンカを売ったという。柳川一家を名乗っていたころ、釜ヶ崎での縄張り争いで地元鬼頭組百人にわずか八人で殴り込みをかけ血の雨を降らせたことは語り草になっている。

「わしが民族意識を強く持つようになったのは、どちらかというたら、戦後になって、日本人と食いしろ争うようになってからやね。日本人のわれわれへの反発に対して、こちらも自然に反発するようになっていった」

「別に思想的にどうこうという動機があったんやないんです。たとえば、寄宿していた在日同胞の家のおばさんが、えらい食うに困っとる。食事というたら、配給の豆が皿にちょろちょろと乗っとるだけや。そんなん見とると、ああ可哀そうやな思うと同時に、大がかりなヤミをやってハラ肥やしとる連中との不公平に、なんや胸クソ悪うなってくる。そこで、よしっ、わしらの手でと、一緒にいた谷川と二人して出かけていくわけや」（柳川次郎談・サンデー毎日一九七五年十一月九日号）。

信じるものは己の腕のみ、力こそ正義を地で行く柳川の生きざまは、石原莞爾に薫陶を受けた町井の大亜細亜主義的なスケールとはまた違った、飢狼の凄みを感じさせる。まさしく修羅の人である。

柳川組のやり方はとにかく、横紙破り、強引そのもの、他の組のシマになっている土地にも平気で入り込み、暴力でもってそれを奪うというスタイルで、対抗組織の親分や幹部が彼らによって拉致、監禁されるなどということも珍しくなかったという。いつしか彼らは「殺しの軍団」と呼ばれるようになる。

その命知らずの行動力を買われて、一九六〇年（昭和三十五年）、山口組に直参として迎え入れられると、柳川組は山口組全国制圧の原動力となった。一九六四年（昭和三十九年）、警視庁による暴力団一斉取り締まり、いわゆる「第一次頂上作戦」では、柳川組は山口組の二次団体でありながら、壊滅目標の十大暴力団に指定されている。

民族意識の人一倍強い柳川だったが、一九七四年（昭和四十九年）十一月、四十五年ぶりに祖国の地を踏んだとき、歓迎会の宴席で乞われるままに歌い出したのは日本の童謡『はとぽっぽ』だったという。前出の「サンデー毎日」によれば、この渡韓にはアントニオ猪木、大木金太郎（金一《キム・イル》）を帯同していた。同年十月、東京蔵前国技館で行われた猪木×大木戦は、日本プロレス史上歴史に残る名勝負と言われている。その余韻冷めやらぬ中での訪韓だ。韓国側にもこの試合の模様は熱く伝わっているはずで、おそらく興行に関する打ち合わせもあったのだろう（翌年三月、ソウルで両者は再戦している）。柳川は日本側のプロモーターといった役割だったと思われる。

力道山以来、興行を通してプロレス界ともつながりをもっていた柳川はまた大山倍達とも義兄弟の関係で、極真会館の相談役を長く務めていたことはつとに有名である。同会館主催の全日本選手権のパンフレットにも堂々あいさつ文を寄稿している。

《戦後の荒廃した大阪の町で館長（註・大山氏）とともに暴れまわった頃からすでに三十年、当時の荒々しい館長の風貌も、いまは面影ひとつなく円満な面差しと名実ともに世界一の風格さえある。》（第八回大会パンフレット）。

何気ない一文に、背筋に何か走るものを感じずにいられない。

建青時代から町井久之とも深くつながっていた大山だが、その関係がやや疎遠になった時期があった。大山が慕う右翼の大物・田中清玄（大山夫妻の媒酌人でもあった）が東声会の木下陸男に銃撃されるという事件（命は取りとめる）が起こったためで、田中はのちにこれを「当時、自分と対立していた児玉誉士夫の意を汲んだ犯行」であると推測している。ちなみに、襲撃自体は町井の知るところでなく、町井は、指を詰め、田岡と田中に詫びを入れている。この事件をきっかけに田岡一雄と児玉誉士夫の関係も微妙なものになっていったという。

（大山と）柳川との間には、このようなトラブルは一切なく、終生〝兄弟〟の関係に揺るぎはなかった。逆にいえば、同じ在日ヤクザでも柳川には町井のような政治色、思想色が希薄だったということなのかもしれない。

大山もまた、保守政治家の大物とのつながりが深かった。国際空手道連盟極真会館設立（一九六四年）の際には会長に佐藤栄作（第六十一〜六十三代内閣総理大臣）、副会長に毛利松平を招いている。佐藤との縁を取り持ったのは、大山夫婦の仲人《なこうど》でもあった右翼の大物田中清玄であろう。また、同会館の顧問だったのが、作家で僧侶、参議院議員（自民党）でもあった今東光だった。極真会館もまた自民党と在日任侠、右翼をつなぐ交差点であったのである。

毛利松平（自民党副総裁）と大山の出会いも興味深い。大山の評伝『大山倍達正伝』（前出）と『宝島30』（一九九四年九月号）の大山未亡人の回想では若干ディティールが異なるものの、おおむねは合致している。ちなみに大山未亡人は極真会館の発展の二人の恩人として、毛利松平と柳川次郎の名を挙げている。

戦後間もなく、三国人勢力に元満鉄関係者が襲撃され拉致されてしまうという事件があった。その元満鉄関係者こそが毛利松平である。その場には、三国人側の用心棒として若き大山もいた。命知らずの愚連隊に囲まれながら終始物静かで堂々とした態度でいる毛利に大山は感服。こういう人を殺しては日本の将来のためにならぬと、隙をみて毛利を逃がした。その時のことを毛利は深く覚えていて、のちに後見人として大山を盛り立てるようになったのだという。

自宅の庭で巻き藁を突く毛利松平。名誉段を良しとせず、柔道、空手、合気道の段位はすべて実力で取得。

毛利は柔道、空手、合気道合わせて十七段という根っからの武道愛好家だった。国会の姿三四郎と異名をとり、日本武道館の理事長だったこともある。六〇年安保の際には、アキレス腱を切断し三カ月安静の身でありながら、野党議員の襲撃を背中で受け止め文字どおり身をもって議長席を守り抜いたという武勇伝の持ち主でもある。大山に日本国籍を取るよう勧めたのが、この毛利だった。

他に福田赳夫、三木武夫、竹下登、海部俊樹、安倍晋太郎、園田直と

いった、総理経験者や派閥の領袖クラスが毎回、大会のパンフレットに何らかの形で名前を載せている。

さて、本インタビューでイトマン事件のことが少し触れられているが、実は、このイトマン事件の主役の一人である許永中《ホ・ヨンジュン》とも大山は親交があった。大山は遺言で自身の後継者として同胞の松井章圭（文章圭《ムン・ジャンギュ》）を「指名」し他界。この遺言の有効性を巡り遺族が異議を申し立て、それが遠因となって極真会の分裂を招いたということは業界関係者の間ではつとに有名な話であるが、この松井氏は一時空手界を離れ、許永中の秘書を務めていたこともある。大山の紹介だという。

イトマン事件とは、一九九〇年（平成二年）ごろ、不動産投資による借り入れが一兆円を超え経営を圧迫している大阪の老舗総合商社イトマンの経営者・河村良彦に、在日実業家の許永中が絵画、骨董、ゴルフ会員権などの投資を持ちかけ、常務として入り込んでいた伊藤寿永光とともに同社に多額の損害を与え私腹を肥やしていたという一連の企業スキャンダル事件で、当時、「戦後最大の不正経理事件」と呼ばれた。許永中が逮捕保釈中の身でありながら、韓国に出国、約二年にわたる逃亡を経て、最後は都内のホテルに潜伏中に身柄を拘束されたことでも当時、ワイドショー等で連日大きく報道された。

許永中は若い頃、昭和最後のフィクサーと呼ばれた実業家・大谷貴義のもとでアングラ・マネー作りの修行を重ね、数々の会社乗っ取りで名を馳せた人物である。

裏社会（ヤクザ）から裏千家（茶道）まで「裏」に通じた男（大谷は裏千家最高顧問の肩書きをもっていた）といわれたこの師匠に負けず、許永中の人脈も多岐にわたった。本インタビューにも登場する全斗煥の実弟・全敬煥を通して韓国政財界にコネを持っている他、大阪の同和社会とも昵懇で彼らを通して当然、裏社会ともつながっていた。暗殺された山口組若頭・宅見勝との関係は有名である。二回り年上の柳川次郎とも親しく、柳川は組を解散後、許の所有するビルの一室を事務所にしていたという。政治家では警察官僚出身の亀井静香と特に懇意にしていた。

イトマン事件のもう一方の主役、伊藤寿永光は山口組の企業舎弟で、彼もまた同和利権に食い込んでいる人物だといわれている。事件当時、マスコミの在日タブー、同和タブーはいま以上に根強く、未だ明らかにされていない事実も多いだろう。

くしくも、イトマン事件が世間を騒がせている一九九一年（平成三年）十二月、柳川次郎がこの世を去っている。それはあたかも在日アウトローが力でのし上がる時代から、狡知と策術で頭角を現す時代への転換期を見るかのようであった。

（但馬）

七章　朴槿恵「反日」の宿命

金大中拉致事件に抗議する日本の支援者たち。

朴槿恵の母親が射殺された文世光事件と金大中事件はつながっている

菅沼　金大中《キム・デジュン》事件にしても、ＫＣＩＡを通して日本の裏の勢力が相当関わっている。

――一九七三年（昭和四十八年）八月の金大中事件、あれは世間を騒がせました。のちの韓国大統領（第十五代）で当時は民主化運動家として知られ、朴正熙《パク・チョンヒ》の最大の政敵でもあった金大中氏が滞在先の東京九段のホテルグランドパレスで白昼堂々拉致された事件。ＫＣＩＡの仕業であることはもはや韓国も認めていることなのですが、日本からすれば主権を公然と侵害された事件であり、充分外交問題とすべきだったのに、時の田中（角栄）政権はあいまいな形で政治決着してしまいました。

拉致の当日、グランドパレスのワンフロア全部を町井久之が借りており拉致の協力者であると言われましたね。柳川次郎の名もちらついています。

菅沼　この翌年、文世光《ムン・セグァン》事件が起こり、朴正煕夫人、つまり朴槿恵《パク・クネ》のお母さん、陸英修《ユク・ヨンス》さんが、射殺されるわけですが、犯人の文世光を犯行に駆り立てた直接の発端は金大中事件です。金大中事件に憤慨していた文世光を北朝鮮が巧みに工作し、暗殺者に仕立て上げた。この二つの事件はだから、セットとして見るとよくわかる。

――確かに文世光事件の始末と金大中事件の落とし前も有耶無耶という意味では似ていますね。その意味でもセットだったと。

菅沼　朴正煕の死後、ＫＣＩＡが潰れ、その後継の安全企画部が『金大中事件の全貌』という文章を発表して、かなりのことが明らかになった。私は文世光事件の直後、大阪の近畿公安調査局の調査第二部第一課に課長として赴任しました。ここは全国で在日が集中している大阪を中心に、在日朝鮮人や韓国人の動向を調査することが仕事で、主たる任務は朝鮮総連あるいは北朝鮮を調査することだったんですが、その課長時代、大阪大韓民国総領事館の人たちと非常に親しくなって、彼らからもかなり確度の高い情報を得ていました。

在日人脈も知らなかった韓国人「親日家」の領事

菅沼　韓国総領事館の中に七、八年もいるのにその存在を在日の人も誰も知らなかった古参の領事がいました。朴宗華《パク・チョンファ》という人です。もう故人ですが、この人は元日本軍人で、恐らく下士官か何かだったと思いますが、インドネシアで終戦を迎えて、「さて、どうすんべえ」と。朝鮮人だからあなたは韓国に帰りなさいと言われて、仁川に上陸して、日の丸の旗を立てて日本の軍歌を歌いながら京城（いまのソウル）まで行進したなんて話をしてくれましたよ。

日韓併合のあと特殊な人は別として、朝鮮人は日本軍人にはなれなかったんです。昭和十三年（一九三八年）に特別志願制度ができ、一般の朝鮮人にも軍人への道が開けると、彼は第一回志願兵に応募して合格、みごと日本軍の兵隊さんとなった。第一回志願兵の壮行会をやった会場が、韓国の旧王宮、景福宮で、日本に留学されていた李垠《イ・ウン》殿下臨席のもとに大壮行会をやってくれましたと自慢そうに語っていました。日本の軍人になったのを非常に名誉あることだったと言っていた人だから、親日もいいところなんだけれども、戦後韓国の軍ができたのを機に入隊し、朝鮮戦争も従軍して、大佐に昇進、陸軍本部の人事局長を務めた。

金大中事件と陸軍中野学校

菅沼　朴宗華はその後、ＫＣＩＡができて、それに入るわけですが、李熙哲《イ・ヒチョル》という次長補の勧めだった。この人は、金大中事件をソウルから実際的に指揮命令していた人物ですが、その人の部下として大阪に領事として派遣されてきたんです。

李熙哲は日本の陸軍中野学校を出た人だった。日本のために諜報活動をやっていて、そのキャリアを見込まれて、ＫＣＩＡにスカウトされたのです。次長補として、金大中事件の秘密工作全部やれ、ということになったんでしょう。

だから金大中事件を全体的に眺めると、日本の陸軍中野学校方式です。拉致のやり方も含めて。

――そうだったんですか。北朝鮮の金正日《キム・ジョンイル》が部下に陸軍中野学校のスパイ術を研究させていたという話は有名ですが、韓国のＫＣＩＡにも中野学校の血が流れていたのですね。

菅沼　金大中を拉致するにしても当然、事前に彼の動向も調査せんといかんわけでしょう。日本の主権を侵害する恐れもあり韓国の大使館員ではそんなことは不可能なわけです。それで李熙哲に頼まれて当時の中野学校の同窓生がずいぶん協力している。自衛隊とか公安調査庁に在籍していた人もいた。民間の調査会社にも。日本のそういう組織に入って活動していた人たちが中野学校の戦友の頼みだということで、秘密裏に動いた。戦友のつながりとはそういうものなのです。こんな話は当時は全然出てきませんでしたよ。いまはもう時効ですから話せますけどね。また金大中さん自身も関係者もいなくなりましたから。

朴宗華は李煕哲の側近中の側近だった。だから彼から金大中事件の実相についていろんな話を聞くことができました。

――もちろん、私も初めて聞くお話です。確かに日本側に協力者がいないとあそこまで上手くはいきませんね。

指紋の付着、遅刻、杜撰だった事件

菅沼 金大中事件について詳細な調査報告が韓国安全企画部から出ていますけども、内容を読みますと、しかしちょっと違うところがあるんです。

たとえば、ホテルグランドパレスから金大中を車に乗せて東名道路を南下し、大津のインターで、東京の大使館からきたＫＣＩＡの要員と出迎える大阪の韓国領事館のＫＣＩＡの要員が合流して大阪ナンバーの車に乗り換えることになっていた。大阪の地理に詳しい運転手、その名前も知っていますが、何と大阪のＫＣＩＡの要員の到着が予定の時刻に遅れたんだ。韓国のオペレーションというのは日本人みたいに完璧にはできない。韓国製品もそうだけど必ずどこか抜けているところがある（笑）。おそらく日本の中野学校出身者ならこんなことはあろうはずはない。時間に遅れるということは最低のことなんですよ。

スパイ活動において指定された時間にこないとなると、何かトラブルが起きたと当然考える。大阪の車が来ないなら捨てておくしかないとそのまま出発した。ところが東京から来たから地理がよくわからない。道をウロウロしているうちに、嗅がせておいた眠り薬（クロロホルム）が切れて金大中は目が覚めた。そこで「『アンの家』はどこだ」という助手席の会話が金大中の耳に入ってしまった。大阪総領事館職員で車の運転手をしていた男の名前が安龍徳《アン・ヨントク》。「アンの家」というのは、朴宗華名義で借りている神戸東灘区のマンションということになっている。「アンの家」というのは安心できる家という意味で別名セーフ・ハウス。要するにアジトということです。安家《アンゲ》ともいう。のちに金大中のこの車内の会話の証言で、大使館の関与がばれてしまうんだけどね。

それからもうひとつチョンボがあった。拉致現場のグランドパレスの部屋から金東雲《キム・ドンウン》――もっともこれは偽名で、金炳賛《キム・ビョンチャン》が本名ですけど――一等書記官の指紋が出たのです。秘密工作をやっているものがこんなところに指紋を残すなんて、これまた素人がやることですよ。警視庁もこれは韓国の大使館の人間がやったと確信した。

――確かに杜撰ですね。

菅沼　急遽、大阪の南港にある水上警察署の前の埠頭から金大中を船に乗せて出て行くことになった。

――予定を変更した。

菅沼　警察の前がいちばん安全なんです。誰もまさか警察の前から誘拐した要人を連れて行くとは思っていない。そのようにして龍金号《ヨングム》で瀬戸内海通って連れて行った。これはもともと日本の漁船です。それが北朝鮮の工作船に対抗して、ＫＣＩＡが日本海で使ってた工作船なんですよ。

――敗戦時に押収した日本の船は韓国で重宝されたらしいですね。李ライン付近で日本の漁船を拿捕しまくった韓国の国境警備隊の船も、旧日本海軍の掃海艇を改造したものだったそうです。

菅沼　まあ、当時は韓国にろくな造船技術がなかったから。いまでは日本の造船技術を学んで、商売仇になっているけど。

韓国大使館No.2はＣＩＡのスパイ

菅沼　その龍金号が下関を越えて玄界灘に出たら、アメリカの飛行機がやってきた。金を殺すのはまかりならんと。計画では玄界灘に金大中を海深く沈める予定だったのです。

しかし、あちこちに証拠を残したもんだから足がついた。決定的だったのは、内部に密告者がいたことです。東京の大使館にいた金在権《キム・ジェグォン》――本名・金基完《キム・キファン》というKCIAから派遣された公使、彼は当時大使館のNo.2でしたが、同時に米CIAのスパイでもあった。実際、CIAの手先は韓国政府のあらゆるところに入り込んでいる。

それから当時、アメリカは民主党のカーター大統領の時代でしょ。金大中の保護者の一人に元駐日米大使ライシャワーがいた。ライシャワーの命令で金大中にカネを出していた日本人も多くいた。金大中が大統領になって、その就任式を開いたとき、日本からの招待客No.1というのは日本の総理じゃなくて、彼に援助していた無名の土建屋です。彼になんでカネを出したんだよと訊いたらライシャワーに頼まれたと言っていました。

アメリカは金大中を朴正熙に対抗させようと重宝していました。傀儡として。したがって、金大中はアメリカの干渉で助けられ、しかも大統領にまでなった。朴正熙は金大中など絶対に後任にさせないと公言していた。彼にはものすごい敵対心をもっていた。ひとつは彼がアメリカの手先ということもあったでしょう。そのあと、金大中夫婦がアメリカへ亡命することを朴正熙はしぶしぶ認めました。韓国にはおられなかった。

――民主化運動家ということで、日本のリベラル文化人に金大中シンパは多かったと記憶しています。彼らはおおむね、反米左派です。その金大中がアメリカの庇護にあったというのも面白い事実ですね。

オバマが任命した駐韓アメリカ大使の正体

菅沼　大津で迎えに失敗した大阪の領事は左遷され、その後本国の外務省に入れられた。当時の韓国の外務省はKCIAの配下にあったのもいいところだったんですよ。主要国の大使はみなKCIAから来ていた。ところが彼は外務省に放り出されたおかげで、KCIAが崩壊したあとこんどはどんどん外務省で出世して最後は、東京の総領事をやっていました。

CIAに密告した金在権という公使、彼も事件後、韓国に召還されています。しかし、アメリカがバックにいるから朴正煕も簡単に殺すことはできない。そのうち、一家あげてアメリカに移住するんですけどね。それで、アメリカはどんなことをやるかというと、その、韓国からすれば祖国の裏切り者の息子に奨学金を与えて勉強をさせた。彼はペンシルバニア大学を卒業、ロースクールを経て検事になり、アメリカ国務省に勤めて、そしてなんと韓国駐在アメリカ大使となった。最近まで在任していたソン・キム（金ソンヨン）という大使、これは大統領にとっても裏切り者の息子です。アメリカというのは、そういうことをやる国なのです。

――大使になるくらいだから、アメリカ国籍ですよね。

菅沼　もちろん。ただ中学一年までは彼はソウルにいたんだから。朴槿恵大統領の親父を裏切った男の子供ですよ。さすがに最近アメリカに帰っちゃったけれども。

彼を駐韓アメリカ大使にしたのが民主党のオバマ大統領です。だからカーター大統領と何となく似ているでしょう。形をかえてじわじわといやがらせをしている。

朴正煕ではなく陸夫人暗殺が文世光事件の真相という説も

――文世光事件に話を移します。一九七四年（昭和四十九年）、大阪在住の在日韓国人青年・文世光が、大阪の交番から奪った二丁の拳銃をトランジスター・ラジオに隠して韓国に入国。八月十五日の光復節（解放記念日）の式典に紛れ込み、演壇に立った朴正煕大統領を狙撃したものの、銃弾がそれて壇上にいた陸英修大統領夫人に命中、死亡させてしまった事件です。文世光は朝鮮総連のオルグを受けており、彼の協力者である日本人女性の夫名義のパスポートを使って韓国に入ったのでしたね。

菅沼　総連というよりは北朝鮮を通じてと言ったほうが正確ですね。文世光は万景峰《マンギョンボ》号の中で指令をもらっていたこともあった。

要するにあの頃、韓国の民主化運動家の中には、朴正煕を暗殺することによって民主化を成し遂げようという考えの者がいて、同じく朴正煕を亡き者にして南朝鮮革命を一挙に成し遂げようとする北朝鮮の思惑とも一致したわけです。

——狙撃の場面をYouTube動画で観ましたが、銃声を聞いた朴大統領が咄嗟に演壇の陰に身を隠したり、あの機敏な動作を見ると、さすがに元軍人だなあと思いました。陸夫人にとってはとんだとばっちりでしたね。

菅沼　実は、いろんな揣摩臆測《しまおくそく》が出たんですよ。当時朴大統領と奥さんは不和が続いていた。大統領は毎夜のように側近を集めてパーティを開いていた。当然ながら、パーティといえば、女性がつきもの。朴の遊びが手に負えなくなると彼女は東海岸にある海を臨むお寺（洛山寺）に籠っちゃう。彼女は敬虔な仏教徒で、大統領がまともになるようにお祈りしていたようです。この話はお寺の方から直接聞きました。

文世光が間違いなく撃ったけれども、しかし、陸英修の死亡解剖のデータは表にでないからはっきりしたことは言えないが、実際には文の弾丸は外れていて、警護室長の車智澈《チャ・ジチョル》が後ろから陸英修さんを撃ったのではないかという説もあるくらいです。

——車智澈、朴正煕暗殺事件のとき、一緒に射殺された人物

銃弾が陸夫人を直撃。朴大統領はとっさに演壇に身を隠した。
銃を構えるのが朴鐘圭。

ですね。もし、彼の犯行と仮定して、それは大統領の指示？

菅沼　いや大統領は指示などしないけれど、意を体してやるということです。側近たちは意を体してやることが多いから。ただ、陸夫人が亡くなってから朴は荒れに荒れた。朴大統領が殺される前に、私が会った側近たちは「閣下（韓国では大統領のみ閣下と呼ぶ）の顔色が悪い」とよく言ってましたよ。言うなれば顔に死相が表れていた。

——陸さんの事件があった直後、朴大統領は日本との国交断絶まで口走っていたそうですからね。事態収拾のための特使として訪韓した椎名悦三郎（当時、副総裁）を朴大統領は罵倒したといいますから、ちょっと大人げないような気もしますが、日本の事後対応もまずかったとは思います。金大中事件も含めて結局、有耶無耶のまま終わってしまった感がある。

むろん、朝鮮総連は事件の関与を否定していました。総連関係者の書いた本も何冊か読みましたが、真相を知っていたのはごく一部の幹部だったらしく、二〇〇二年（平成十四年）に朴槿恵（当時はハンナラ党副総裁）が訪朝し、金正日があっさり「私の部下がやったこと」と認め謝罪したときには総連内に動揺が走ったそうです。

朴槿恵の反日は母親を殺された千年の恨みなのか

菅沼　朴槿恵という女性は軍人である父親よりも母親の陸さんに強い影響を受けています。陸さんというのは才女でね、夫が大統領になると、英語から政治学、歴史、あらゆる分野の教授を呼んで個人教授を受け、ファーストレディに見合う教養を身に付けて、これをサポートしたんです。日本の首相夫人でこんな人いますか？　朴大統領も陸夫人だけには頭が上がらず、夫人は「家庭内野党」とまで言われていた。朴槿恵はそういうお母さんに子供の頃から薫陶を受けてきたわけです。

母・陸英修女史の銅像（粘土原型）の前で佇む若き日の朴槿恵。

朴槿恵は英語はむろんのこと、フランスに留学していたからフランス語も話せる。でも一番得意なのは中国語です。なんといっても中国の清華大学で流暢な中国語でスピーチして学生たちから喝采を浴びるほどのものですから。そのときのスピーチのテーマとなったのが、馮《ふ》友蘭《ゆうらん》という北京大学の哲学の先生が書いた『中国哲学史』。これは中国人が書いた最初の中国哲学解説書で、ハーバード大学で英訳されている。彼女の座右の書でもあります。彼女はこの本を指して「西洋の哲学は物事の事象については教えてくれるが、中国の哲学は人間の生き方まで説いている」と言って、清華大の学生を唸らせたんです。清華大は馮友蘭が一時期、教鞭を取っていた大学でもある。そこをわざわざ講演の場に選んだんですよ。

朴槿恵さん、アメリカへ行ってオバマに会うときは青い服を着ているけど、習近平に会うときはたいがい黄色い服を着ています。中国で青は庶民の色で、黄色は皇帝の色です。そういう演出もなかなか心憎くてね。二〇一三年（平成二十五年）の訪中では、習近平が通常の晩餐会の他に翌日、夫人を伴って――女の問題であまり仲はよくないらしいけど。どこも一緒だ（笑）――昼食会をセッティングしたほどです。訪中した国家元首を二度にわたって食事会で歓待するというのは異例なことで、中国でも話題になりました。日本では誰も触れないけどね。

こういうことができる彼女は決して馬鹿ではない。そして、そういう素養を母親である陸女史から受け継いだということです。

――陸さんは福祉や教育、ボランティアなどにも力を注いで、国民からは「国母」と慕われた人ですね。軍事独裁ということで朴大統領を嫌う人でも陸さんを悪くいうことはなかったといいます。彼女の国民葬の動画を見ましたが、国を追われた形の李承晩《イ・スンマン》夫人（フランチェスカ）の姿もありました。

菅沼　何を言いたいかというと、その最愛にして尊敬すべき母親の命を奪ったのが日本だ、という思いがどこか彼女の中にあるということですよ。実際に殺したのは在日だったとしても。日本がしっかりしていれば、こういう事件は起こらなかったはずだというね。

あなたがさっきおっしゃったようにね、二〇〇二年に朴槿恵さんが訪朝したとき、金正日は自分の口から直接、文世光事件に北の関与があったことを認めた謝罪の言葉を聞いている。ただし、あくまで部下が勝手にやったことで自分は知らなかったとシラを切ってね。あの会談のときの二人のにこやかな表情の写真を見ていると、朴槿恵は金正日にいろいろ吹き込まれたんじゃないかと思う。本当に悪いのは日本ですよって。私は、彼女の頑な反日意識の源泉はここにあると思っている。母親を殺された恨み。

――私怨ですね。

菅沼　私怨だよ。そういうものなのです。だから、朴槿恵は自分たち朴ファミリーを青瓦台から追い出し冷や飯食わせた全斗煥も絶対許すことはない。

【解説】北朝鮮の日本人拉致は金大中・文世光事件から始まった

金大中事件に関しては、近年その真相は少しずつ明らかになってきている。

事件自体は、朴正熙大統領のうかがいしれぬところ、当時KCIA部長にあった李厚洛《イ・フラク》が功を焦り独断で配下に命じて起こしたものというのがいまでは定説になっている。

事件の前年になる一九七二年（昭和四十七年）、李厚洛は平壌に極秘訪問、金日成との会談を成功させている。続く、朴成哲《パク・ソンチョル》・北朝鮮第二副首相のソウル招聘にこぎつけ、「祖国統一促進」を謳った南北共同声明の発表を実現させた。この歴史的会談により、李の国内での評価は一気に高まり、朴正熙の後継者との呼び声も高まっていたのである。ところが、そんな折り、首都警備司令官・尹必鏞《ユン・ピリョン》が「次期大統領」の聞こえめでたい李厚洛にへつらい半分に漏らした「閣下（朴大統領）はもうお齢だから、後継者を選ぶべき」という言葉が朴正熙の耳に入り、一転、尹ともども怒りを買ってしまうのである。

当時、KCIA部長・李厚洛は大統領警護室長・朴鐘圭《パク・ジョンギュ》と（大統領に対する）忠誠競争でライバル関係にあった。

出世ではライバルである朴の二歩も三歩も先んじていたはずの李厚洛が、つまらない失言で逆転を許してしまった恰好である。誰かの告げ口かあるいは盗聴かはわからないが、KCIA部長らしからぬ失点といえる。かくなる上は、朴正熙の最大の政敵である金大中の首を手土産に名誉挽回のチャンスを狙ったというのが、事件のそもそもの発端である。

朴鐘圭は前章でも簡単に紹介したが、ピストル朴の異名を取る射撃の名手で、町井久之とも刎頸の関係にあり、彼の東亜相互企業に本国からの融資の便宜を図った人物だ。その一方で凶暴で残忍な性格の持ち主としても知られ、町井の白河開発の事業が滞り、貸し出した資金の回収がままならぬことを知ると、普段はヒョンニムと呼ぶ町井を面罵し、その細腕で何度も殴りつけたという。そのとき、町井はただ殴られるままだったと評伝『猛牛と呼ばれた男』（前出）が伝えている。

ピストル朴の後輩にあたる車智澈も凶悪横暴では知られた人物で、彼に泣かされた者も多く、金載圭の凶弾に倒れたときも関係者の同情の声は一切なかったという。どうやら大統領警護室長という役職は凶暴な男でないと務まらないらしい。剛の警護室長と柔のKCIA、凶暴と狡猾、何かとソリが合わないのも宿命のようだ。

実をいえば、金大中はKCIAによる暗殺の危機を経験していた。一九七一年（昭和四十六年）、朴正熙をわずか九十七万票差に追いつめた大統領選の直後のことである。彼の乗った車に大型トラックが突っ込んできて、同乗者三人が亡くなっている。金大中自身は一命は取り止めたものの、腰を強打し、一時は車椅子の世話になっていた。

それ以降、彼は韓国を出て、アメリカと日本を行き来する事実上の亡命生活に入る。拉致事件当時は講演等のために来日しており、ホテルは二日ごとに替え、偽名を使って宿泊するなど細心の注意を払っていた。しかし、すべての行動は韓国大使館に筒抜けだった。当然、日本側にも拉致の協力者がいたのである。

事件当日、金大中が宿泊しているグランドパレスの二十二階フロアーの残りすべての部屋が町井久之

（畑中という偽名が使われた）によってリザーブされていたとスクープしたのは香港の英字週刊誌ファーイースタン・エコノミック・レビュー誌だ（町井自身はこの記事に憤慨、強く否定している）。実際、金大中は同フロアーの空き部屋のひとつに連れ込まれクロロホルムを嗅がされている。事件後のマスコミ工作は、そちら方面に顔の利く柳川次郎が当たったという。

田中真紀子が二〇〇〇年（平成十二年）に毎日新聞記者相手に回想として語ったところによると、金大中拉致騒動の最中に韓国の大使から田中首相（当時）の私邸に電話が入り、それを取り次ぎ隣室にいると、しばらくして「殺すな。（船を）爆撃するぞ！」という首相の大声が聞えてきたという。これは、田中首相が、殺害をしないという条件で拉致を黙認していたことを暗に意味している。事件の不透明極まる政治決着もこれである程度合点がいく。

李厚洛が起死回生を狙って計画した金大中拉致作戦であるが、その不手際からミソをつける結果に終わったのは既述のとおり。彼は事件の責任を取るかたちでＫＣＩＡ部長を解任されるのである。

この拉致事件によって韓国国内の反政府勢力、民主化運動はますます活発化し、それは日本にも飛び火、リベラル層を中心に反朴政権ムードが醸造されていった。この機を逃さなかったのが北朝鮮であった。朝鮮総連を通じて在日韓国人青年・文世光に接近するのである。

文世光は大阪東住吉区出身。文の母親は「ニュー秘苑」というキャバレーのオーナー・マダムで、このキャバレーはそれ以前、韓国料亭「秘苑」だった。要は妓生ハウスである。町井の「秘苑」との直接の関係はないが、生野「秘苑」は韓国領事館の近くにあり、ＫＣＩＡ関係者のたまり場になっていて、また共同経営者の安川なる男が金大中事件の「アンの家」の安龍徳その人であることが、一九七四年（昭和四十九年）九月十一日の衆議院法務委員会で、法務省保護局総務課長の横山精一郎の口から明らかにされている。また、文世光は民団生野支部の事務員だったこともあり、環境的には北朝鮮よりも朴軍事政権寄りだったともいえるのだ。ちなみに文の母の名は陸某といい、くしくも、彼が殺害した陸英修夫人と同姓である。同一本貫（ルーツ）であるかは不明だ。

民団職員だった文青年が民主化運動を通して北朝鮮のオルグを受けるようになっていくのは、当時の若者を取り巻く左翼リベラル的風潮によるところも大だろう。高校時代から既にレーニンや毛沢東にかぶれていたという友人の証言もある。民団時代に同僚だった妻と結婚、一子を儲け新築の新居も構えるが、文が民団を辞め職を転々とするようになってからは生活が苦しくなっていく一方だったという。おそらく総連との本格的な接触はこの時期に始まると思われる。

刑場に向かう文世光。

彼を見出したのは、朝鮮総連生野西支部政治部長の金浩龍《キム・ホヨン》。金は文に「韓国で人民民主主義革命を起こすなら、まず大統領を暗殺し、これを人民蜂起の起爆剤にしなければならない」と洗脳扇動し、総連活動家・姜徹《カン・チョル》（本名・姜昌煕《カン・チャンヒ》）の経営する東京都足立区の赤不動病院に「川上勇治」名義で偽装入院させ、狙撃訓練を受けさせたという。その後、世光は、大阪府警高津派出所から警官のピストルを奪い、大統領出席のもと、ソウルで開かれる八月十五日の光復節の式典に合わせて韓国に入国するのである。

文の銃口から放たれた銃弾は五発。一発目は誤射し自分の太ももに貫通させている。ひるむことなく壇上に向け乱射した四発の銃弾のうち三発目が陸夫人の脊髄に命中。夫人はすぐさま搬送されたが、その晩に息を引き取った。また、文に応戦しようと警護員の発射した流れ弾にあたり合唱団の女子高生が死亡している。

文世光はその場で取り押さえられ、同年十二月の裁判で死刑が確定、結審の三日後に刑に処せられた。その際、大統領夫妻と死亡した女子高生それに自分の母に対するわびの言葉とともに「朝鮮総連に騙された」という旨の録音テープを遺している。

この事件の責任を問われ、ピストル朴こと朴鐘圭が更迭、ライバル・李厚洛の後を追うように彼もまた野に下るのだ。朴に代って警護室長の座につくことになるのが、車智澈である。

文世光には日本人の協力者がいたことはよく知られている。既婚者で当時アルバイト保母だった吉井美喜子、文と同い年の当時二十三歳である。文は彼女の夫名義のパスポートで韓国に入国していた。吉井は大阪府泉大津市生まれ。文とは清華女子高校時代に校外サークルを通して知り合っている。文に日韓問題、日朝問題に関してレクチャーを受けているうちに思慕の情が生まれ、交際が始まった。美喜子が高校を卒業後、事務員をしているときに文から「日本人との結婚はむずかしい」と言われ結婚を断念、傷心を抱えたまま労組職員だった夫と入籍している。とはいえ、お互い家庭を持ちながら、韓国民主化運動の同志として活動を続けていたようだ。

朴正熙大統領の猟色とそれに泣く陸夫人を描いたマンガ。夫婦の不仲はよく知られていたようだ。しかし、夫人を亡くしてから朴正熙の生気も急激に失われて行く。

七三年十一月、美喜子は自分と夫の戸籍謄本を本籍地の高松市から取り寄せパスポートを申請している。夫婦に偽装した二人は真新しいパスポートをもって三泊四日の香港旅行に出かけるのである。文の偽パスポートが通用するかのテストの意味もあっただろうが、実質的な不倫旅行である。吉井も男女の関係であったことを認めている。

事件後、彼女も出入国管理法違反（幇助）で逮捕される。自宅の彼女の個室には金日成選集など朝鮮、韓国関連の本が二百冊あまり積まれており、家具や冷蔵庫に「朴ファッショ政権断固糾弾」というステッカーがベタベタ貼られていたという。

文世光事件は、韓国国民の対日感情を著しく悪化させることになる。連日のように反日集会が開かれ、日本大使館にデモ隊が乱入、日章旗が引き裂かれる事件に発展した。

韓国当局は日本に対して捜査の全面協力と朝鮮総連への徹底捜査を要求したが、金大中事件で主権を侵害された形の日本は面子の面からこれに難色。結局、朝鮮総連の関与は認められないと発表し、さらに日韓関係をこじらせてしまった。大阪地検が、吉井美喜子は大統領暗殺計画を知らされておらず、したがって彼女は直接の共犯者ではなく、あくまで文の単独犯行であると結論づけたことも彼らの不信を増幅させた。

結果的に、日本側のこの対応は、北朝鮮に対南テロの先兵を赤化韓国人から日本人に転換させるきっかけを与えてしまったといわれている。同時に日本がスパイ工作活動のよき温床であることも露呈してしまった。大韓航空機爆破事件（一九八七年）も一連の日本人拉致事件もすべてはここに起因しているのである。

（但馬）

八章　アメリカに殺された韓国大統領

暗殺につきまとわれた朴正煕の数奇な運命

朴相熙。朴家は没落両班の家系だったという。六男二女の三男。KCIA初代部長の金鍾泌は娘婿。

菅沼　朴正煕《パク・チョンヒ》という人の生涯を振り返ってみると、暗殺という言葉が常につきまとっていたと思います。自身も側近に射殺されるわけだけど、それ以前に、陸英修《ユク・ヨンス》夫人が文世光《ムン・セグアン》の凶弾に倒れたことは先に述べました。それから、これはあまり知られていないのだけれど、彼には歳の離れたお兄さん（朴相熙《パク・サンヒ》）がいて、そのお兄さんも戦後、警察によって射殺されているんです。

　相熙さんの娘——つまり朴正煕の姪にあたる人物、朴槿恵さんの従姉妹——の夫が、何度も出てくるＫＣＩＡ初代部長の金鍾泌《キム・ジョンピル》。相熙さんは、いまもある東亜日報という新聞の地元の支局長で、共産主義者だった。

――東亜日報といえば、一九三六年（昭和十一年）のベルリン五輪でマラソン日本代表として出場し優勝した孫基禎《ソン・ギジョン》選手のゼッケンの日の丸を塗りつぶした写真を掲載したことで発行停止になった事件で有名ですね。

菅沼　そう。その頃に活躍した人です。もともと、東亜日報とか中央日報とかの朝鮮系新聞は、一九一九年（大正八年）に起こった三一万歳運動の教訓から、時の朝鮮総督・斎藤実がそれまでの武断統治を改め文治統治に切り替える過程で、発行が許可されたわけだけど、当初から民族意識とリベラル色が強かった。東亜日報は何度も発禁処分を受けていますけどね。

――当時、内地で起こっていた大正デモクラシーの自由な空気も影響しているでしょうね。社会主義や無政府主義が台頭していた時代でもありました。芸術では前衛運動がさかんでエログロ・ナンセンスが流行りました。

大正十五年、つまり昭和元年（一九二六年）には、三一運動の元闘士を主人公に、親日派や日本人巡査を悪者に描いた『アリラン』という朝鮮映画まで作られています。朝鮮の独立運動に心情的な肩

ベルリン五輪マラソン優勝の孫基禎選手のユニフォームから日の丸を消して掲載した東亜日報。孫が手にしているのはヒトラー総統からもらった月桂樹。

三一事件。1919年（大正8年）3月1日。朝鮮で起こった最大の独立運動。民衆が「万歳」を叫びながら行進したことから、万歳闘争ともいわれる。朝鮮総督府が武断統治から文治統治へと転換するきっかけとなった。

入れをする日本のインテリもいたくらいですし。

菅沼　兄の死後、朴正熙もその意志を継ぐかのように南朝鮮労働党（南労党）に入党しています。南労党とはつまりは共産党ですよ。

——のちに自他ともに認める反共主義者として泣く子も黙る存在となる朴さんも共産党員だった時代があった。

菅沼　一九四八年（昭和二十三年）十月、軍内の共産主義分子が起こした反乱事件（麗水・順天事件）がありました。李承晩《イ・スンマン》政権の時代です。このとき、朴正熙は陸軍の情報部にいた。粛軍といいますけど、要は軍にいる赤色分子の洗い出しと追放です。朴氏もそれによって軍から罷免され、一時は死刑の判決まで受けた。これはのちに特赦になりましたが。しばらくは軍服を脱ぎ、嘱託という肩書きをもらい私服で情報部に勤務していたんです。彼を単純に親日派の韓国大統領と見るのはおめでたいことだよ。

　というわけで、朴一族にはそういった数奇な運命がつきまとっているわけです。娘の朴槿恵《パク・クネ》さんも何年か前に、選挙運動中に暴漢に顔を切られるというテロ行為にあっているでしょう。あの時の彼女の恐怖はいかほどだっただろう。彼女の脳裏に父母の悲劇がよぎったはずです。

なぜ朴槿恵は光復軍にこだわるのか

——女性の顔を切るというのは随分陰険なやり方かと思いましたが、最近ではアメリカの駐韓大使であるリッパート氏が親北シンパと見られる暴漢にナイフで襲われ、顔を八十針縫う大けがを負いました。顔を切るというのは、韓国の伝統なのでしょうか。ある種の警告の意味を込めた。というのも、戦前、大スターだった俳優の長谷川一夫（林長二郎）が、移籍問題のトラブルに絡んで地回り（京都千本組）に顔を切られるという有名な事件がありましたが、あれの実行犯の一人が金某という朝鮮人だった。

菅沼 伝統かどうかは知らんけどね（笑）。

——リッパート大使の事件もそうですが、アメリカの提唱するミサイル防衛網THHAD参加への曖昧な態度、中国のアジアインフラ銀行（AIIB）への色目と、朴槿恵政権はアメリカの不信を買う方向にあえて身を置こうとしているようにも見えます。

菅沼 朴槿恵さんの対中接近も私から見ればさほど不思議ではない。むしろ、お父さん（朴正熙）の影響をそこに感じるわけです。

朴正煕という人は、満州の軍官学校（第二期）や日本の陸軍士官学校（第五十七期）を卒業して満州国の軍人になりました。終戦を満州で迎えて、その後どこへ行ったか。北京ですよ。当時北京にあった大韓民国臨時政府の光復軍に合流しているのです。二〇一三年（平成二十五年）、朴槿恵が訪中した際、西安に寄って、大韓民国臨時政府の抗日部隊といわれる光復軍の記念碑を建てることを習近平に約束させましたね。光復軍なんていっても何の実績もない名前ばかりの部隊です。一九三二年（昭和七年）、上海で天長節事件というのがありましてね。

——虹口公園で行われていた天長節（天皇誕生日・四月二十九日）を祝う式典の会場に、尹奉吉《ユン・ボンギル》が水筒型爆弾を投げつけ、上海派遣軍の白川義則大将を殺害、重光葵《まもる》の片足を吹き飛ばした有名なテロ事件ですね。尹奉吉は上海臨時政府から派遣された対日テロリストで、同年一月、皇居桜田門で昭和天皇の御馬車に爆弾を投げつけ近衛兵一人を負傷させた李奉昌《イ・ボンチャン》と並んで現在、韓国では独立運動の義士と呼ばれています。

菅沼　それまで朝鮮人の臨時政府や光復軍に関して歯牙にもかけなかった蔣介石が、この事件にいたく感激して、「われわれ百万の中国部隊でもできないことを朝鮮の若者一人がやった」と大絶賛したんです。以来、蔣介石はこの光復軍を支援するようになった。時は経って、アメリカ軍が日本に上陸したとき、これに呼応して、朝鮮を占領、後方か

爆弾テロ犯・尹奉吉。彼の凶行は上海事変を泥沼の日中戦争のプロローグにしてしまった。

ら日本軍を叩くという目的で、西安に光復軍を置くことになった。この光復軍を教育したのは誰かといえば、前にもお話したとおり、アメリカのＯＳＳ（＝Office of Strategic Services。米の戦時特務機関。ＣＩＡの前身）ですよ。ＯＳＳが延安の共産党軍と同時に、西安で光復軍の訓練をやっていた。ところが、日本軍の降伏が予想よりも早くて、光復軍は何もしないままで終戦を迎えることになるわけです。

――共産党軍、国民党軍、大韓民国臨時政府、アメリカが線で結ばれますね。アメリカは共産党と国民党軍、両方にチップを張っていた。とどのつまり日本を潰す気でいたのですね。

菅沼　それがアメリカのやり方です。

どうしても戦争で日本に勝利した歴史が欲しい韓国

菅沼　さて、日本が敗戦を迎えたあとも、組織としては光復軍はまだ存在していた。そこに朴正熙が入隊するわけです。朝鮮独立のあかつきには国軍の基礎にしようとね。ところが、朝鮮をアメリカが占領してしまった。アメリカは軍としての光復軍の凱旋は許さず、朴正熙も一個人として帰国して、しばらく彼は失業者のような境遇に甘んじるわけです。だから、光復軍としての実績は何もない。それはともかくも、朴槿恵にしてみれば、自分のお父さんが光復軍に関わっていたという事実が大切なわけです。

——韓国にとって戦後史のもっとも痛恨事は、サンフランシスコ講和条約に連合国の一員として参加することが叶わなかったということだと言われています。それはそうですよね。彼らは日本軍の一員として米英と戦っていたんだから。ところが、光復軍を強調することで、連合国側にいたとの主張になる。私たちは戦勝国だ、といいたいわけです。

菅沼　それと、韓国という政権の正統性の問題でもあるわけです。

初の文民政権である金泳三《キン・ヨンサム》の時代に、それまでの軍事政権を否定してしまった。軍人がクー・デターを起こして国を奪った非正統な政権の時代であるとね。ところが、大韓民国憲法には『我々大韓民国は三一運動で成立した大韓民国臨時政府の正統な後継者である』と書かれてある。朴正熙が臨時政府の光復軍の軍人であったということは、彼の政権の正統性を担保することになり、ひいては娘である朴槿恵自身の政権の権威を証明することになるわけです。

——韓国は二言目には日本に対し、「正しい歴史認識」を求めてきます。彼らのいう「正しい歴史認識」は「韓国の歴史認識」に他なりません。

日本人は、李朝→大韓帝国→日韓併合→大韓民国（と朝鮮民主主義人民共和国）という流れで朝鮮半島の歴史を見る。これは世界のスタンダードでもあると思いますが、彼らは、李朝→大韓帝国→上海臨時政府→大韓民国なんですよね。当時、世界中どこも承認しなかった上海臨時政府が正統で、併合はあくまで日本という強盗が朝鮮半島を武力で乗っ取り居直っただけであって、われわれ（韓国）はその強盗を追い出し光復（独立）を勝ち取ったというのが、彼らの建前といえばいいでしょうか。もちろん、これは嘘の歴史なんですけど。おそらく李承晩の凱旋という神話はド・ゴールをイメージしているのでしょうけどね。最初からボタンの掛け違いというか、ボタン穴にボタンの大きさが合わない。こういう国と歴史認識を共有することなどどだい無理な話です。

菅沼　朴槿恵がアメリカの大反対を押し切ってまで、習近平主催の「抗日戦争勝利七十周年」行事に出席したのも、いま話してきた理由で説明がつくでしょう。韓国としては、抗日軍として中国とともに、日本と戦争をし勝利したという〝歴史〟が欲しいのです。まんまと習の誘いに乗った。

――あれは何だったんでしょうかね。一時的に朴槿恵の支持率が上がったようですが、肝心の式典はさっぱり盛り上がらなかった。

そもそも中国共産党軍自体、ゲリラを送り込むぐらいで日本とはほとんど戦ってません。

日本軍と国民党軍とを戦わせて漁夫の利を得ただけ。逆に言えば、日本軍に同胞(国民党軍)を殺させていたことにもなる。日本軍に国民党軍がやられればやられるほど、その後の内戦が有利になると考えていたんですから、中国人民にしてみたら、最高の人でなしということになります。特に毛沢東は。

菅沼　母の陸英修亡きあと、朴槿恵さんは実質的なファーストレディとして常に父とともにありました。おそらく、娘と二人きりのときに、過去にさかのぼりさまざまな話をしているのでしょう。満州国の軍人だった時代から南労党時代の話も。その話の中には、彼女の対日感情に大きく影響を及ぼす何かもあったとも思う。

自主独立と核武装抗争が朴正熙の死を招いた?

菅沼　一九七九年の十月に朴正熙が暗殺されるのだが、その少し前に、大阪の総領事館に務める軍人上がりの領事から、「最近、閣下の顔色がどうもすぐれなくて」としきりに聞かされましたよ。もしかしたら、すでに朴大統領は死を予感していたかもしれない。

そもそも朴正熙はなぜ殺されたか。彼は自主独立の国を作ろうとしていたんですよ。日韓基本条約もそのための一環です。日本から金を出させて取りあえず経済を立て直しインフラを整備する。中国に従属するわけでもない、アメリカに従属するわけでもない、日本に従属するわけでもない、自主独立の大韓民国を作るにはどうしたらいいか。朴正煕の結論が、核兵器の保有です。

もちろん、アメリカがそれを許すわけがない。そこで密かに自前の核開発のために動き出すわけです。カナダから核兵器用のプルトニウムが生産できる重水炉を輸入しようとしたり、アメリカその他に留学している韓国の原子物理学の学生、あるいは学者を集めて一大プロジェクト・チームを作った。

それを嗅ぎ付けたのが、米国の国防副次官も務めたリチャード・ローレス。ローレスはCIAの手の者で、いわゆるジャパン・ハンズの一人。日本とも深い関係にある人物です。

このローレスがCIAの要員として韓国に駐在中、アメリカから帰国した韓国人学者を捕まえ、あの手この手で籠絡して、そのプロジェクトの全貌がアメリカに知られることになった。

――ローレス氏は東アジアに精通した、うるさ型の人物ですね。最近では朴槿恵の執拗な反日に「いい加減にしろ」と言ったアメリカの要人の一人として健在ぶりを耳にしました。現在は商社マンとして、普天間基地移設問題やJR東海のリニア売り込みにも絡んでいるようですが。「普天間基地移設は日本の義務」とまで言いきった人。

菅沼　そういう人物に、秘密は筒抜けだったわけだ。当然、CIAが激怒していることも朴正煕には伝わっていたはずです。いずれやられるのでは、と彼も覚悟を決めていたかもしれません。いや、いたでしょう。閣下の顔色が冴えない、という領事の言葉は……、いま思うとね。

――暗殺されたのは秘密パーティの会場でした。そのせいか、当時はかなりスキャンダラスに報道されました。

菅沼　青瓦台の近くにある宮井洞《クンジョンドン》という朴大統領のためだけの施設があった。監理しているのはＫＣＩＡです。ここは大統領の安家《アンガ》と呼ばれていました。およそそれで察しがつくとは思うけど。事件はその建物の中の秘密宴会場で起こった。

朴正煕と、大統領警護室長・車智澈《チャ・ジチョル》、秘書室長・金桂元《キム・ゲウォン》、ＫＣＩＡ部長の金載圭《キム・ジェギュ》と側近中の側近四人が酒を飲んでいました。そこへ、ふたりの女性が呼ばれた。ひとりは沈守峰《シム・スボン》で歌手。もうひとりが二十三歳の映画学科の大学生でモデルタレントだった申才順《シン・ジェスン》。彼女たちをお座敷に呼んで歌わせていた。歌った歌までわかっています。「サラン・ヘヨ」（愛しています）という韓国歌謡。いつもなら、そのまま酔っぱらってベッドルームで若いほうの女の子、という段取りになっていたんでしょう。

――この大統領の秘密パーティを関係者は「大行事《タイギョジ》」と呼んでいたそうです。日本語だとニュアンスはあまり伝わってきませんが、なんとなくわかります（笑）。

「私の後ろにはアメリカがいます」

菅沼　大統領警護室長の車智澈と金載圭は仲が悪くて日頃から何かと衝突していました。

このときの酒席でもちょっとした口論があったらしい。それが引き金だった。金載圭はポケットから拳銃を取り出すとまず、憎っくき車智澈を撃った。ついで大統領に銃口を向けた。そのとき、金は、朴大統領に「閣下死んでいただきます。私の後ろにはアメリカがいます」と言ったとも伝わっています。

きっかけは単純だったかもしれないが、ここで朴大統領を撃てば、ひょっとしたら、自分はアメリカの後ろ盾で大統領になれると思っていたのかもしれない。そう吹き込まれた可能性は充分ある。

車智澈。大統領警護室長。その横暴な性格と権力欲は、幼い頃の不遇な家庭環境（父の顔を知らず、腹違いの兄にいじめ抜かれた）の影響が大であると本人も認めていたという。

大統領射殺後、彼は自分のホームのＫＣＩＡ事務所でなくなぜか陸軍本部に向かっているんです。戒厳令を布くよう要請するんだが、それは叶わなかった。この行動も意味深だ。

――ということはクー・デターの未遂ですか。それとも本当にアメリカが裏で糸を？

ちの裁判で彼は「民主化のためにやった」と証言しているらしいが、聞こえが良すぎるんだよね。

どちらにしろ、CIAは朴正熙亡きあとの新しい政権の青写真を組んでいたはずです。

ところが、そこで立ち上がったのが保安司令官だった全斗煥《チョン・ドファン》だった。彼はさっさと金載圭を逮捕し、全権を掌握してしまった。

――金載圭がなぜ朴大統領に殺意を抱いたかといえば、大統領に人前で面罵された私怨だというのが、現在では韓国の公式見解になっていますね。体面を潰されて逆上するというのは、韓国人にはありがちなことかもしれませんが、しかし、KCIAの部長ともあろう者がそこまで短絡的な行動を取るだろうかという疑問が残るのも確かです。

菅沼　金載圭自身はそう信じていたかもしれない。の

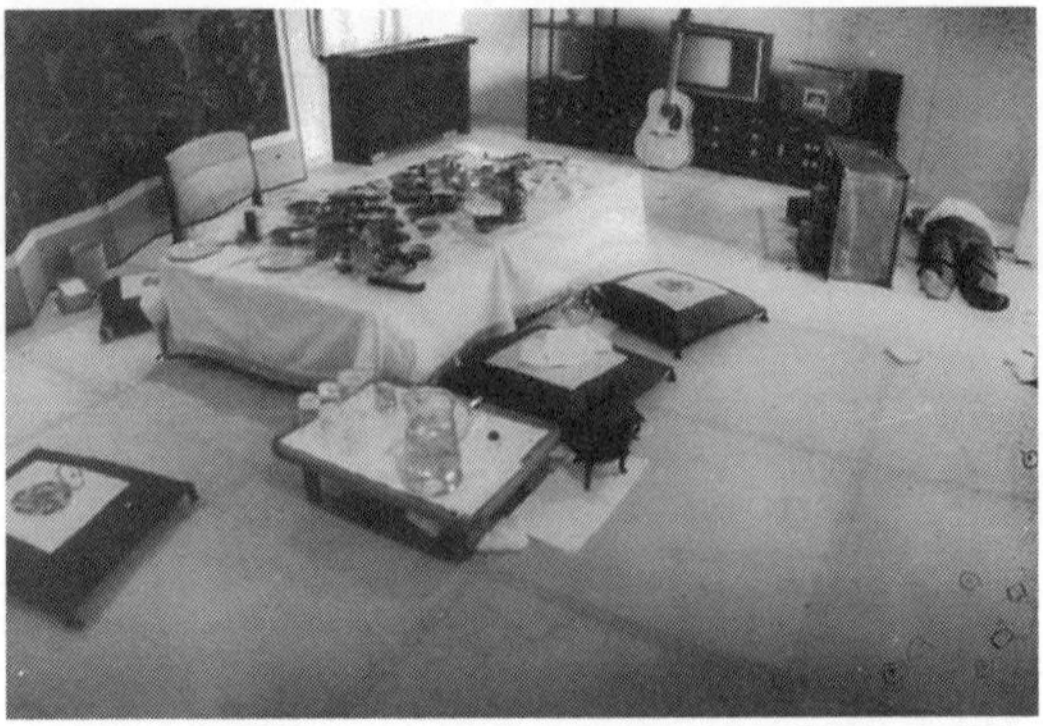

暗殺現場。血痕が生々しい。右上に見えるのは車智澈警護室長の遺体。フォークギターは当日、沈守峰が弾いていたもの。

ともあれ、この暗殺劇はどこか本能寺の変を思わせます。朴正熙が暴君信長で、金載圭が明智光秀。光秀は信長に人前で打擲され恨みを抱いていたというのが通説ですね。それ

から、敬虔な仏教徒でインテリ肌の光秀は比叡山焼き討ちには消極的だったといいます。朴正熙に学生運動鎮圧を命じられ、内心はうんざりしていたという金載圭ともあい通じますね。いずれにしても、あの時点では、光秀を討った者が次の天下人になる。草履取り上がりの全斗煥が秀吉です。果たして、秀吉の中国返しは、時の運が味方しただけだったのか、全斗煥の政変はアメリカにとって予想外のことだったのか、あれこれ想像してしまいますが。

菅沼　面白い例えだね。それはともかくＣＩＡ、つまりアメリカというのは、あらゆる情報を取っていて、いざというときは脅しにも使うし、弱みを握って手足にすることも得意だということ。

――巣鴨の元Ａ級戦犯は釈放後、それで対米協力者になったってこともありますね。

菅沼　私が呆れるのは、リチャード・ローレスのそういった裏の仕事を知っている、あるいは注視する日本人がほとんどいないことです。防衛省をクビになった守屋（武昌）という事務次官がいるでしょ。彼の最初の本に、ローレスの話が出てくる。ローレスと一緒に銀座の韓国クラブへ行ったというのですよ。ローレスがホステスと韓国語で会話しているなんて驚いているけど、守屋さん、ローレスの前歴を全然知らないんだ。若い頃、韓国で工作活動していたんだから、韓国語ペラペラなのはむしろ当たり前だよ。ＣＩＡなんだからさ。ちなみにいうとね、当時、青瓦台の近くにあった部長の執務室のあるKCIAの建物の一階はCIAの出先事務所になっている。KCIAのやることはCIAに全部つながっているんだ。

――日本のインテリジェンスの悲しい現状ですね。

菅沼　悲しいなんてもんじゃないよ。いつの間にかそういう国になってしまったんだよ。

国際社会の歯車が狂いだしたカーター政権とオバマ政権の類似

菅沼　繰り返すけどね、アメリカは韓国に核武装させないように様々な揺さぶりをかけたわけです。しかし、朴正煕はそれをかまわず（核保有に向けて）推進した。それでアメリカの逆鱗に触れてしまった。

当時、アメリカの大統領といえば、誰か？　ジミー・カーターですよ。思えば、カーターの時代になってきてからすべてが狂ってきた。この一九七九年（昭和五十四年）という年はカーター大統領が人権外交をやっていた年で、十月に朴正煕は暗殺された。そして次にはイランのアメリカ大使館がイランの革命分子によって占拠されて、それを救出しに行ったけどもヘリコプターが墜落したりして全然ダメだった。革命防衛隊にやられ、イランとの関係も崩れ、それが影響して中東全体がおかしくなった。そしてこの年の最後の十二月に今度はソ連がアフガニスタンに侵攻しています。

一九七七年にフォード大統領からカーターに代わり人権外交なんてことを言いだした。要するにアメリカは他国の紛争に手出しをしないということでしょう。それとよく似ているんだ、二〇一五年というのはね。オバマという男が大統領になって、アメリカは「世界の警察官」を辞めると言い出してから、アフガニスタンのかわりにウクライナをロシアが取り、南シナ海あるいは東シナ海に中国が出てきた。

それから中東ではＩＳＩＳが台頭し、イランとの核協議でへんな妥協をするものだから、これを機会にサウジアラビアなども核兵器を保有するかもしれない。オバマ政権になってきてから世界中がおかしくなってきた。これは一九七九年と同じでしょう。

――カーターとオバマ、そういえば二人ともノーベル平和賞を貰っているのも共通していますす（笑）。両方とも軍縮論者だし、内向きの大統領ですね。

これは大統領退任後の話ですけど、カーターは米朝枠組み合意で、結果的に北朝鮮の核開発を許してしまった人物でもありました。この責任は大きいですよ。あくまで仮定の話として（笑）、その彼が、核保有を推進していた朴正熙の暗殺に関与していたとしたら、これ以上の皮肉はありません。もちろん、どちらに核があっても日本にとっては脅威ですが。

朴槿恵暗殺の可能性

菅沼　歴史は繰り返すということでいえばね、だから……わかりませんよ、朴槿恵がお父さんと同じ運命（暗殺）をたどらないという保証はどこにもない。

セウォル号沈没事件の一周忌のとき、彼女はまるで逃げるかのように南米四カ国の訪問に出かけてしまい国民の感情を逆撫でした。留守中にクー・デターが起こるんではないかとさえ言われていた。昔の韓国が健在な時代ならば軍事クー・デターが起きていた可能性もある。彼女が国へ帰れないという事態も充分あった。いまの韓国軍は骨抜きだから。日本の自衛隊と同じようなもので、何にもできないから。

――確かにお葬式や追悼式というのは韓国人には特別な意味があります。あのセウォル号の遺族の異常な盛り上がりを見ても。追悼デモのニュースを見ても、みんな目が血走っていて、まるで反政府デモの様相すら呈していました。追悼式を袖にした朴槿恵にしても両親の祭祀《チェサ》は野外の会場で大々的にやっています。父母の偉大さを示すということなのでしょうけど、ああいう感覚は日本人にはちょっと理解できない。

菅沼　彼女の支持率もここへきて少し持ち直したようだけれど、それも長くは続かないだろう。アメリカの大使をやったような男が出てきて、朴槿恵もやられるかも知れない。そういう、わけのわからない空気がいまの韓国には漂っている。今度起こったら顔を八十針縫うだけではすまされないだろう。

あのリッパート大使の襲撃だって、一人の狂人の犯行ということで終わらせていいのかね。あれは、韓国の民衆の底に反日とはまた別に反米的な意識が根強いということを、アメリカに再認識させるに充分だった。アメリカにとって極めて衝撃的な事件でした。また何か起こらないとも限らないと思っているはずです。あの事件のあと、カーター国防長官が韓国を訪問した際、出迎えにきた大使と抱き合った写真を撮らせましたね。あれはつまり、これからはわれわれが守るというメッセージでしょう。アメリカの米軍が。

すさまじい内戦で始まった全斗煥政権

――先ほどおっしゃった韓国人の潜在的な反米意識というのは大いにうなずけますね。全斗煥《チョン・ドファン》政権の起こした光州事件（一九八〇年）のとき、デモの学生の間で流行った『五月の歌』という歌があります。バリケードの中で自然発生的に生まれた作者不明の、いわゆるプロテストソングですが。その歌の歌詞で、「ハゲ頭、チョッパリ、ヤンキーは出て行け」というフレーズがあるんです。ハゲ頭は全斗煥のことですね。それはいいとして、チョッパリ（豚の足）はご承知のように日本人の蔑称です。それにしても、自国の軍事政権に対

光州事件。独裁者といわれた朴正煕さえ民衆に向かって銃口を向けることはなかった。全斗煥政権は一線を越えてしまったのだ。

する抗議に、なんでチョッパリにヤンキー（米国）なんだよ、関係ないじゃないかとも思いましたが、彼らにしてみれば、軍事政権も日本もアメリカも裏でつながっている同じ穴のむじなといった意識なんでしょうか。つまりチョッパリとヤンキーは蛇蝎のような組み合わせ。嫌いなものの代名詞。どちらが蛇で、どちらが蝎かはわかりませんが。

菅沼　日本の報道では、いまでもそうだけど、光州事件というのは、民主化を求める学生、市民を軍が武力弾圧した事件と単純に語られていますね。それは間違いではありませんが、事件の背景にあるのは韓国の歴史的な宿痾《しゃくあ》でもある地域差別です。ここを押さえておかないとあの事件を理解できない。

全斗煥は、先にも述べたように軍の序列でいえば五十番目くらい、全権を掌握するには、たくさんいた目の上のたん瘤を強引な方法をもってしても取り除かなければならなかったわけです。それは生半可なことではない。まず、参謀総長の鄭昇和《チョン・スンファ》やその周辺の人間を金載圭《キム・ジェギュ》に近い存在という理由で逮捕してしまった。それから、金鍾泌《キム・ジョンピル》、李厚洛《イ・フラク》といった朴正熙の側近を逮捕していった。金泳三もです。

――ますます秀吉ですね。秀吉も明智を討ってすぐに天下を取ったわけではなかった。柴田勝家や信長の息子（信孝）を潰していく。

菅沼　そして金大中《キム・デジュン》も逮捕した。金大中は当時、民主化運動の象徴的存在であり、地元である全羅南道での人気は不動なものがありました。これも前に触れたとおり、全羅南道は歴史的に差別を受けていた地域です。特に慶尚北道とは犬猿の仲なんてものじゃない、全羅道の人間からすれば、慶尚北道に対する憎悪は異民族に対するものよりも激しいものらしい。鬼や畜生です。全斗煥はその慶尚北道の出身者です。

――全羅南道と慶尚北道の確執というものを理解している一般の日本人はあまりいませんね。ひとつには、日本にそんな形の地域対立が残っていないため、ピンとこないのかもしれません。強いて上げるなら会津と長州でしょうか。あと、併合時代、本当に日本の統治が狡猾だとしたら、この地域対立を積極的に利用していたと思いますよ。それこそ先生がおっしゃっていたディバイド・アンド・ルールです。

菅沼　全斗煥の強引極まるやり方は、とりわけ全羅南道の人々の怒りを買った。光州市は全羅南道の道庁所在地です。ここで起こった学生デモを鎮圧するために、全斗煥は空挺部隊を投下した。この空挺部隊は慶尚北道の人間だけで構成されている部隊です。つまり、慶尚北道の兵士に全羅南道の人間を殺せと命じた。慶尚道は全羅道を徹底的に弾圧した。

――慶尚道だけの部隊というのがあるのですか。

菅沼　韓国では慶尚道と全羅道を一緒の部隊になんか入れられません。それほど仲が悪いんだ。それで頭にきた全羅道の軍人が兵器庫を開放し、民衆に兵器を渡したから大混乱になった。

――日本では学生運動の延長のように報じられていましたが。そんなレベルの暴動ではなかったんですね。

菅沼　いや、内戦状態といっていい。「慶尚道」軍と「全羅道」軍の。光州は戦場です。金大中はこの内乱の中で軍法会議にかけられ、内乱予備罪という容疑で死刑判決を受ける。のちに無期懲役に減刑されたけどね。

地域差別の怨嗟をそらすために建てた反日記念館

――金大中という人も修羅場をくぐり抜けていますね。何度も殺されかけている。

菅沼　結局、十日かかって光州は鎮圧されるわけですけどね。この事件で全斗煥は、民衆の怨嗟の的となりました。それをそらすために、彼が何をやったかといえば、韓国のど真ん中にある天安に独立記念館という反日記念館を建てた。要するに自分たちがやられそうになると反日を盛り上げる。金泳三も盧武鉉《ノ・ムヒョン》も李明博《イ・ミョンバク》もそうだったけど、その先駆ですよ。建物の材料など日本製の物は一切使わないなんていいながら、音響設備など日本製ばかり使用して反日記念館を作った。お笑いだよ。

――竹島に建てた海上監視用のレーダーが日本製だったことがわかって、慌てて韓国製に替えたら、すぐ壊れたという話もありましたね。

菅沼 韓国はいつだってそう。自分で作れるといいながら、できずに結局日本頼みなんだ。浦項総合製鉄（現ポスコ）だってそうです、新日鉄が全面的に協力して作った。

――製鉄所の内部レイアウトから全部日本のコピーでした。地下鉄もそうですね。

菅沼 最初の地下鉄がそうです。ソウルの中心から清涼里《チョンニャンニ》までの地下鉄は全部日本がレールを引き、車両までそのときの最新鋭のものを六十台あげたんです。その開通式に出た人が言ってましたよ、頭にきたと。「日本」という言葉はひとつも出てこないと。大臣も知事も技師もぜんぶわれわれの力でやったと、自慢している。

不可解な盧武鉉の自殺

――韓国の反米ということをいえば、二〇〇二年（平成十四年）に、在韓米軍米第二歩兵師団所属の装甲車M88が、公道で事故を起こして女子中学生二名を轢き殺した事件が起こり、韓国で一気に反米ムードが盛り上がりましたね。

菅沼　あれは金大中の時代か。

――そうです。あの反米の余波を受けて、翌年、盧武鉉が大統領になりました。彼は反米と反日の二本柱。それから親北。「私はアメリカと中国を結ぶバランサー」だとか、わけのわからないこと言っていた。というか、ある意味では、わかりやすい人でした（笑）。いわゆる日本人の嫌韓意識も彼の政権時代に顕在化したように思います。

菅沼　彼（盧）の自殺だってね、不可解なことだらけです。歴代の大統領同様、退任後にぞろぞろと側近や実兄、女房の贈収賄のスキャンダルが出てきて、あとは本人に捜査の手が行くというところでの自殺劇だった。逮捕を恐れての自殺だなんて言われているけれどね、汚職で逮捕されるのが怖くて大統領なんてやってられないよ、韓国では。

韓国は儒教国家です。何よりも血縁、次に地縁。忠よりも孝、公よりも私が優先される社会です。一族の中に一人成功者が現れると、その成功者は親戚縁者に何がしかの金品、あるいは職務上のポストを与えなければいけないのが暗黙の鉄則です。縁者は平然とそれを要求するし、また成功者は分け与えることを面子としてそれを拒めないし、まず拒むことはありえない。もし、拒めば？　人倫にもとる禽獣と見なされても仕方がない。それが韓国の道徳観です。そういう精神土壌の上に立つ国の政治家が「公僕」たりうるはずがないじゃないか。

――全羅南道出身の金大中が大統領になったとたん政府の主要ポストが全羅南道出身者に取って代りましたしね。

菅沼　それが地縁です。彼は前任の金泳三時代の主要ポストを片っ端から閑職に追いやってしまった。金泳三は慶尚南道の出身でね。盧武鉉も慶尚南道の出身者で、その地縁で金泳三に見出されて政治家になったんです。それまでは弁護士だった、いわゆる人権派の。判事だった時期もある。

　まあ、そんなわけで、汚職なんか当たり前。捕まることを覚悟の上で五年の任期の間、取れるだけ（賄賂を）取り、肥やすだけ私腹を肥やそうというのが、韓国の大統領。捕まったところで、どうせ死にはしないんだから。全斗煥だって死刑判決が無期に減刑され、特赦で出てきたわけでしょ。盧泰《ノ・テウ》愚も金泳三も一度捕まったのにいつの間にかシャバにいる。それが儒教の社会なんだ。エラいヤツは死刑にならない。庶民が犯罪やればバンバン殺される。つまり、エラい地位についているということは、「徳」がある人という意味になる。「徳」のある者は罰せられないというのが儒教社会です。

アメリカを本気で怒らせた

菅沼　では、盧武鉉の自殺の本当の理由は何かといえば、いろいろ憶測も出てくるんだけれど。まず、なによりも解せないのは盧武鉉が直筆の遺書を残していないこと。彼のパソコンに遺書らしき文面が残されていたといいますが、パソコンのワープロ文章なんて誰でも手を加えることができるわけだ。これが疑念の一点。

投身自殺の舞台になったのが、故郷で隠居先の慶州南道金海市郊外の烽下《ポンハ》村の自宅近くの裏山です。ここは彼が子供時代よく遊び場にしていて、当時も彼は夫人を連れてここを散歩するのが日課だったそうです。しかし、その日はなぜか夫人を同伴しないで、警護員一人だけ連れて山に登っている。その警護員は当初、警察の取り調べに対し、盧武鉉に「煙草を買ってきてくれ」と言われ、その場を離れたスキに盧が投身したと言っていたのが、のちに、「頂上にある寺院（盧武鉉の両親の墓がある）の住職が不在かどうかを確かめてきてくれ」と言われて、寺を訪れている間に自殺が行われたと証言を変えているのです。

――どちらにしろ、要人警護のプロが、そんな〝おつかい〟程度の用事で、護るべき対象を一人きりにしておくというのもヘンな話ですね。

菅沼　盧武鉉という男は貧しい農家に生まれ、高卒で苦学して弁護士になったというだけに、彼の支持層は庶民、とりわけネット世代の若者が多かったわけです。選挙運動も彼らが手弁当でやった。

――三八六世代とか言われていましたね。六〇年代生まれで、八〇年代に学生運動を経験し九〇年代に三十代を迎えたという。光州事件を経験した人たち。日本で該当するのは、ノンポリ・バブル世代。まさに僕がそうですが。

菅沼　盧武鉉の掲げた政策スローガンは、「民族共助」と「自主外交」。このふたつのスローガンは彼の支持層だった韓国のネット族には受けがよかったかもしれないけれどね、あまりにも現実性を欠いた、もっとドギツクいえば、同盟国アメリカにとっては狂気の沙汰としか取れないものだったわけです。

民族共助というのは、要するに北朝鮮に対する更なる融和ですよ。経済援助を含めたさまざまな支援を意味していて、これは北朝鮮の核開発を巡り対北強硬路線を取るブッシュの足を公然と引っ張るものだった。

では、自主外交とはなにかといえば、すなわち対米自主外交。大韓民国は朝鮮戦争のとき、李《イ・》承晩《スンマン》が韓国軍の作戦統制権を国連軍（事実上は在韓米軍）に移譲して以来、今日まで来ていますが、盧武鉉はこれの返還を主張し出してアメリカを慌てさせました。さすがに、盧のこの暴走に国論は二分したものの、盧はこれを押し切った。対するアメリカも半ば匙を投げる形で、一時は合意しましたけれどね。次の李明博がアメリカに泣きついて、どうにか（返還を）延期してもらった。まあ、いまはもうそれどころじゃなくなったけどね。

――朴正熙のときと同じですね。対米自主路線は認めないと。

盧武鉉は金正日に何を話したのか「趙甲済レポート」の衝撃

菅沼　そんなこんなで日韓関係がかつてないほど冷え込む中、盧武鉉は大統領の任期を四カ月残すタイミングで北朝鮮を訪問（二〇〇七年十月）し、金正日《キム・ジョンイル》と南北首脳会談を行っています。

このとき、どんな会話がされたか。二〇一二年（平成二十四年）、韓国の保守系オピニオン雑誌『月刊朝鮮』十二月号で有名なジャーナリストの趙甲済《チョ・ガプチェ》がその対話の核心部分を掲載するや、韓国国内に大激震が走ったんです。

例えば、金正日を前にして盧武鉉はこんな態度だったそうだ。

「国防委員長はお前らは何やっているのかと仰いますが、われわれも頑張っております。在韓米軍が首都圏から移転することになっており、作戦統制権も米国から返還するようになっております」

盧武鉉は金正日のことを「国防委員長」と呼び終始敬語だったのに、金正日は盧武鉉をいている。

「お前」あつかいだったらしい。趙甲済は《まるで生徒が先生に対する態度だった》と書

――「先生と生徒」といっても、儒教社会のそれですから、日本人の考えるそれとは重みが違う。はっきり言って、盧武鉉は北の回し者だったのですね。

菅沼　それからね、「最近の世論調査によれば、われわれ（韓国）の安保に最も脅威的な国は米国であり、二番目は日本、三番目が北韓（北朝鮮）です。十年前には想像もできなかったことではありませんか。これは自主外交と民族共助を熱心にやった結果です」と。それまで一番の仮想敵だった同胞である朝鮮民主主義人民共和国を三番目にまで引き下げ、アメリカを最高の敵と認識させることに成功しました、その努力をわかってくださいと〝先生〟に言ったわけです。日本が二番目の仮想敵だっていうんだから、笑えるよ。

――南スーダンでのＰＫＯ活動では、その仮想敵のはずの日本の自衛隊から韓国軍が弾薬をもらっているんですから世話はないですね。

菅沼　「趙甲済レポート」によればね、南北対談の席上、盧武鉉は金正日に「五〇二九計画」を自分の手で潰しましたと自慢しているというんだね。「五〇二九計画」というのは、クー・デター、革命、大規模亡命、大量脱北など北朝鮮の体制が揺らぐ事態が発生した場合に備えてアメリカと韓国が策定した軍事オペレーションですよ。しかし、これも戦時作戦権の

韓国への移譲とくれば、根本的な改訂が必要となってくる。まさに盧武鉉が潰したんです。

そればかりじゃない、盧は海上の南北軍事境界線ともいえるＮＬＬ（北方限界線）を事実上廃止して、その海域を共同漁業水域にすると提案しているんだ。そんなことすれば、どうなるんですか、北朝鮮の武装「漁船」が自由に南下できるということになる。《刑事たちが強盗を逮捕するため一生懸命に捜しているとき、いざ被害者は強盗を匿っていたことだ。》とまで趙甲済は書いているよ。

ここまでくるともう立派な売国、いや外患誘致罪といっていいだろうね。外患誘致罪はどこの国も死刑です。これにくらべれば、汚職なんて取るに足らんスキャンダルですよ。

――確かに。前任の金大中は南北会談を実現させるために、五億ドルを金正日に払ったといわれますが、それどころではありませんね。

南北問題も複雑怪奇

菅沼　「趙甲済レポート」の衝撃はあまりにも大きくて、韓国では大統領室への国政監査が行われ、全文を公開するか否かの問答があったんです。大統領室の回答は、「大韓民国の品格に関わるから公開できない」（笑）。いや、確かに品格にかかわる問題です、いやしくも自由主義陣営の一員の自国の大統領が、ミサイルと核で周辺国を恫喝する「ならず者国家」の独裁者の忠僕だったなんて世界に向けて公言できますかって。

――当然、レポートに書かれているようなことは、アメリカは先刻承知だったわけでしょう。それこそ、ローレスのような人が、「これはどういうことかね？」と盧武鉉に詰め寄った可能性は当然ありえますね。米韓関係のこれ以上の悪化を憂慮した韓国内の「良識派」勢力による〝仕事〟と、想像を膨らませることもできる。あくまで想像ですが。

菅沼　面白いのはね、この盧×金会談がリークされた時期です。「趙甲済レポート」が『月刊朝鮮』に掲載されたのが、二〇一二年十一月。時はまさに大統領選の真っただ中でした。この一大スキャンダルが誌面に躍った時点で、盧武鉉の元側近（大統領秘書室長）で朴槿恵の最大のライバルだった文在寅《ムン・ジェイン》の大統領選勝利の目は消えたも同然だった。結果としては僅差とはいえ、朴槿恵が第十八代大統領に選ばれたわけです。

【解説】朴暗殺の背後に蠢くもの

朴正熙大統領暗殺事件自体は三十年以上前の出来事であり存命する当事者も少なくなりつつあるが、韓国国民の関心は薄れるどころか、二十一世紀になってむしろ「真相」への興味は高まり、事件を題材にした映画、ドラマが複数作られている。

中でも大統領殺害場面のリアルな再現で話題を呼んだのが、『ユゴ大統領有故』（二〇〇五年）。ここに登場する暗殺犯・金載圭は、車智澈との（大統領に対する）忠誠競争に疲れ果てており、さらには酒と女色に溺れる大統領にも見切りをつけているという設定だった。犯行は計画性の強いものとして描かれているが、動機はいまひとつはっきりされていない。映画の中では沈守峰役の女性がフォーク・ギターの弾き語りで都はるみの『北の宿から』を日本語で歌っていた。実際、沈女史は日本の歌謡曲が好きで、少女時代から美空ひばりの歌を愛唱していた。

沈守峰。ピストル朴に見いだされプロ歌手へ。ジャンルは演歌（トロット）だが、作詞作曲もこなした。全斗煥政権下では何かと不遇をかこった。

朝日新聞夕刊の沈守峰インタビュー（二〇〇六年十月二十五〜三十日付）によれば、彼女と朴大統領を結びつけたのも日本の歌謡曲だったという。高校卒業後、ピアノの弾き語りのアルバイトをしていた彼女が、バンド仲間に誘われ、ある「秘密の料亭のような場所」での「特別なパーティ」で、飛び入りのような形で美空ひばりの『娘船頭さん』を歌ったところ、パーティのホスト役の男性に大いに気に入られ、破格のチップを貰ったという。

その人物こそ、ピストル朴、朴鍾圭《パク・ジョンギュ》大統領警備室長である。数日後、警備室長に呼び出しを受け、「閣下が日本語の歌の上手い娘を探しているから」といわれるままに、車に乗せられて着いたところが宮井洞だった。

初めて見た朴正熙は実年齢よりもだいぶ老けて見えたと、沈氏は回想する。彼女が緊張しながら『悲しい酒』を歌ったところ、「まるで日本の娘のようだ」と朴大統領は上機嫌だったという。

もうひとりのホステス役・申才順。モデルで女子大生。朴正熙は彼女の膝の上で絶命した。

宮井洞の「大行事」に呼ばれたのは計三回。三回目、すなわち事件の当日、彼女が自作の『あの時あの人』を披露しているまさにその最中に銃声が鳴った。胸に銃弾を受けた朴大統領は、もう一人の女性・申才順に崩れかかるようにし、「大丈夫だ」と言いながらしばらくののち、彼女の膝の上で絶命している。

朴正熙の色好みを表すエピソードとして、（美人ではない）沈はいつも屏風越しに歌を歌わされていたという風評が長く流れていたが、これに関して沈氏は別のインタビューで「閣下は紳士で、そんな失礼なことをする人ではない」と一蹴している。

金載圭の大統領殺害の動機に関しては、いまひとつ明らかになっておらず、ジャーナリストやノンフィクション作家の間でも見解が分かれるようである。

現場検証で、ピストルを構え殺害時を再現する金載圭。左のメガネの男が金桂元大統領秘書室長。彼は共犯者の嫌疑をかけられ一度は終身刑の身だった（のちに特赦）。金載圭は青年時代から日本の侍文化に心酔し、戦時中は日本陸軍のパイロットを志望していた。

米ＣＩＡの関与説を取るのは『韓国を強国に変えた男 朴正熙』（光人社）の著書をもつ在日作家の河信基《ハ・シンギ》氏。一方、車智澈と大統領の寵を争う中で自暴自棄に陥った金による単純犯行とするのは、『朴正熙、最後の一日 韓国の歴史を変えた銃声』（草思社）の著者で『月刊朝鮮』元社長でもあるジャーナリストの趙甲済《チョ・ガプチェ》氏だ。

当事者の一人、金桂元元大統領秘書室長は中央日報の月刊誌『月刊中央』（一九九八年十一月号）のインタビューで、朴大統領が、核開発と兵器の国産化を巡りアメリカとの確執に悩んでいたことを認めながらも事件自体は「計画性の欠片もない感情的な犯行」、要は金載圭の逆ギレからの犯行であると言い切る。ちなみに、金桂元氏は、金載圭と家族ぐるみの付き合いで、載圭は彼をヒョンニム（兄貴）と呼び慕っており、載圭の性格やものの考え方は自分が一番よくわかると語っている。

金桂元氏によれば、「大行事」の当日、朴正熙は学生運動の鎮静化の問題でＫＣＩＡのやり方について金載圭にこれ以上ない激しい叱責を浴びせ、横にいた車智澈もそれにお追従するように口汚く金載圭をなじり嘲笑したのだという。

また桂元氏は、計画的犯行とするならあまりにも金載圭の取った行動が緻密さに欠けていると指摘している。犯行後、動揺した金が上着も着ず裸足で部屋を飛び出しているのがその証拠だとも。また犯行に使われたワルサーＰＰＫは護身用の銃で、確実性を担保するなら、もっと殺傷能力の高い銃を使うはずだと主張する。

果たして、いずれの証言、推理が正しいのか、真相はまさしく藪の中である。よって、事件についての言及はここまでとする。それよりも、金桂元インタビューの中で興味深い証言があったので紹介したい。

陸英修夫人亡きあと酒に溺れる朴大統領（沈守峰の老けて見えたという証言も、この荒れた生活によるものであると理解できる）を見かねて、金桂元が再婚を勧めたことがあった。そのとき、朴大統領はポツリと「崔太敏《チェ・テミン》を知っているか」と言い、「あの野郎、槿恵を誘惑していて困っている。槿恵があんな男に惚れこんでいてはとても嫁にはいけまい。それなのに、なんで俺が再婚などできよう」と漏らしたという。

崔太敏は救国奉仕団という教団を率いる怪しげな牧師で、朴槿恵に近づきこれに取り入り、彼女を同教団の名誉総裁に据えることで、青瓦台を自由に出入りし権勢を欲しいままにしていた。ラスプーチン、弓削道鏡は韓国にもいたのである。聖職者の風上どころか風下にも置いておくのもためらいたくなるような生臭さ牧師だが、この男、槿恵より三十九も年長（父・朴正熙より二歳上）の当時六十二歳の妻子

朴槿恵が崔太敏牧師（右端）と出会ったのは母・陸女史を凶弾に失い失意のどん底にあったときだという。二人の関係を槿恵の妹弟は快く思っておらず、崔牧師の悪評を時の盧泰愚大統領にリークしたこともある。これが姉妹弟の不和の一因となった。

もちだというから、なおさら恐れ入る。

二人の関係は崔氏が九四年に八十一歳で死去するまで続いたようだ。その後、セウォル号沈没事件時の密会騒動で日本でもその存在を知られることになる元秘書室長の鄭允会《チョン・ユンフェ》氏が朴槿恵の新しい愛人として浮上するが、なんと、この鄭氏、崔牧師の娘婿だったという（現在は離婚）。おそらく崔牧師を介して知り合ったものと思われる。

娘と不良牧師の関係に頭を悩ます朴正熙大統領の意を汲んで、崔牧師の素性を洗い細かく報告を挙げていたのが、KCIA部長の金載圭だった。金桂元氏によれば、それゆえに金載圭は朴槿恵から恨みを買うことになった。槿恵は父親に金載圭の更迭を何度もせがんだという。むろん、父娘のこうした確執は車智澈の地獄耳にも届いていたであろう。

愛娘の讒《ざん》言《げん》に父の心が動いたと思った金載圭が、もはや出世の道もなきものと自暴自棄になり、結果、それが狂気の引き金に彼の指をかけさせたとしたのなら、はなはだ間接的とはいえ、朴槿恵の投げた小石が、父なる大統領の暗殺というとてつもない巨岩を弾いたということにはなりはせぬか。

（但馬）

終章　米中に挟まれた日韓関係の行方

ヤクザが作った韓国軍事政権

――菅沼先生のお話をずっとお聞きして思いました。ずばり、朴正熙《パク・チョンヒ》以降の韓国はヤクザが作ったとはいえませんか？

菅沼　町井さんや柳川さんの援助や人脈が活きたのは厳密にいえば、朴正熙とそれ以降の軍事政権時代だけです。とはいえ、いまある韓国の基礎を作ったのが、朴軍事政権ですから、その意味では、ヤクザが支えたといえる。朴正熙とか全斗煥《チョン・ドファン》とか盧泰愚《ノ・テウ》といった軍事政権の時代は日韓関係の中で、要するに昔の日本もそうだったように、大陸進出など海外進出するときには、特務機関――影佐機関とか藤原機関など――軍人がボスで、実際の工作は「大陸浪人」と呼ばれる人たちを使ったわけです。

――戦時中の外地にいる日本人商社マンなんてほとんど特務機関員でした。それから、マレーでは義賊のボス、ハリマオ（谷豊）が藤原機関の下で働いていました。要するに、日韓交渉の裏側で動いていたヤクザは、そういう人たちと同じだということですね。

菅沼　そういうことです。こういうのは、やはり軍人の発想なわけです。

――文民政権では無理だと。いわゆる戦後一般的なものの見方ですと、軍事政権より文民政権のほうが、民主的だし平和的で素晴らしいように言われますが、カオスの状態から国のシステムを作っていくには、ある程度大ナタを振るえる軍事政権のほうが有利に決まっている。

菅沼　日露戦争時の工作では明石元次郎が有名だけど、むろん明石さんが一人でやったわけではなくて、その手先となって働いた黒龍会等がチェチェンとかイスラムに対してまで工作をしていた。ロシア帝国を倒すためにレーニンや共産党を扇動するだけでなく、イスラム教徒の反乱を起こさせようということで画策していたのです。

――日本とイスラムは仲がいいですよね。

菅沼　たとえば支那事変のときでも日本は同様の工作をした。中国の西側はイスラム教徒が数多く住んでいます。ウイグルだけじゃなくて、寧夏《ねいか》回族自治区など回族と称する漢民族のイスラム教徒が中国の西側にいくとものすごく多い。モスクもたくさんあります。そういう勢力を扇動するために当時の満鉄（南満州鉄道株式会社）はカネを出した。だから代々木にもモスクがあるじゃない。

――ああ、東京ジャーミイ。あれは満鉄と縁があったわけですか。

菅沼　要するに中国の対イスラム政策のために。満鉄が工作するために、日本のために働くイスラム教徒を日本まで連れて来ていた。われわれはイスラム教にも理解がありますよ、と。戦後はトルコ共和国が管理しています。ロイ・ジェームスとかいたでしょ。

――ロイ・ジェームス、なつかしいですね。外人タレントの走りのような人。それからプロレスのレフェリーだったユセフ・トルコとか、あの年代で日本生まれのトルコ人が多いのはそういう事情もあったのですか。

菅沼　対支那工作の一環としてイスラムに接近した。宣伝活動をやったり、協力者を獲得したり。そういう仕事を大陸浪人と呼ばれている人たちがやっていた。拓殖大学というのはそのために作った学校です。

――大陸浪人を作るための大学だったんですね。台湾の殖産に関係あるとは聞いていましたが。

菅沼　それからさらに大陸にいくために、近衛文麿が中国語を学ぶための東亜同文書院大学を上海に作りました。ロシア工作のためにハルピンに哈爾浜《ハルピン》学院を作って、そこに日本人をたくさん入れました。彼らが、中国で、あるいはロシアで、いまいった商社マンとして働くわけです。朝鮮半島でもそうです。最初の朝鮮語学科というのはどこにあるかといえば、天理大学ですよ。天理大学は朝鮮に天理教を普及させるための大学だった。

左翼対策だった統一教会の輸入

――確かに韓国に天理教は進出していましたね。いまでも細々とですがあるようです。動画で見ましたけど、韓国の天理教で冥婚（死後婚礼）の儀式をやっているのです。冥婚というのは、要するに、独身のまま死んだ男女をカップリングしてあの世に送る祭祀で、韓国や中国の一部ではいまでも行われているそうです。あと日本でも東北地方でもあったと聞いています。天理教の友人がいるので、おたくのところでは冥婚やるのかと聞いたら、「俺の知っている範囲では聞いたことない」と。キリスト教も韓国に入ると土着のシャーマニズムと融合してウリスト教になるのと同じで、韓国の天理教もおそらく韓国用にローカライズされてしまったのかもしれません。

菅沼　朴正熙の時代に日本の新興宗教は天理教も含めて全部禁止となったのです。

――創価学会もいまでこそKSGI（コリア創価学会インターナショナル）だなんて、名乗って学会の海外勢力の一翼になっていますけど、七〇年代までは邪教扱いでしたから。ソウルでは創価学会反対の盛大な学生デモも起こっています。

菅沼　統一教会（世界基督教統一神霊協会。一五年八月から「世界平和統一家庭連合」に改称）も韓国にはいられなくなった。それで日本に来たのです。

――教祖の文鮮明《ムン・ソンミョン》が名門梨花女子大の学生を次々に〝血分け〟（教祖と性交する行為。これによって原罪が浄化されると同教団では説く）を行い問題になりました。確か、これで文は懲役を食らっているはずです。また、それとは別に、文鮮明の強烈な反共思想は、朴正煕にとって利用しない手はなかったのではないですか。

菅沼　反共ということで、どうにか彼らは韓国で命脈を保てたんです。リトルエンジェルス芸術団（統一教会の少女民族舞踊団）や政治団体の勝共連合という形にして。朴政権と裏でつながっていたのは確か。

――日本にも、過熱する学生運動のカウンターとして輸入されました。確かに、原理運動とか勝共連合という形で。入れたのは岸信介や笹川良一、児玉誉士夫、要するに右派の人たちですけど、これは大きな禍根を残したと思います。カルトはカルトです。統一教会とはいわず、韓国系キリスト教はひとつの例外なくカルトであると、これは断言していい。

菅沼　これも韓国の対日工作だったわけです。反共というパイプでつながるという。いまでも名前だけの人も含めて勝共の名簿に入っている政治家や学者もいるんじゃないかな。

――一説によると、五〇年代の終わり頃、文鮮明の命を受けた西川勝こと崔奉春《チェ・ボンチュン》なる宣教師が日本に密入国して布教を始めた、それが統一教会の日本上陸だそうです。西川勝という日本名がすごいですね。「西側が勝つ」ですから、まさしく冷戦時代を象徴しています。日本の統一教会、それから勝共連合の初代会長だった久保木修己。この人は元立正佼成会の庭野日敬会長の秘書。柳川次郎亡き後、極真会館の大会相談役なんかもされていたようです。

菅沼　久保木修己。統一教会が、日本でこれだけ大きくなったのは彼の功績が大きいですよ。もう少し長生きしていれば文鮮明のかわりに彼が党首になっていたかもしれなかった。

久保木さんの影響で岸さんたちも勝共連合に入ったわけですからね。彼だってこのままでは日本は共産化するという危機感があった。特に六〇年安保の騒動のときは私自身も革命が本当に起きるのじゃないかと思ったほどだから。七〇年安保のときはただの跳ねあがりの学生がちょこちょこやっているに過ぎなかったけれど、六〇年安保のときは社会党・共産党という本流に力がありました。これではいかんということで、反共で結びついたということです。

——原理研（統一原理研究会）も全国の大学に根を張り出したころは、宗教色は薄く、聖書の他に法華経や古事記、万葉集なども研究していたようです。新左翼にもなじまないノンポリを吸収しやすかったのかもしれません。

CIAの工作員は空軍の要員として来日する

菅沼　その一方で、（左翼勢力の台頭に）危機感を覚えた岸さんの側近が児玉を通じて日本のヤクザや右翼を糾合して、そのときにできたのが関東連合とか関東の組織だった。ヤクザと右翼の癒着もここから始まっているのは確かです。

ヤクザは児玉さんに頭が上がらなかった。児玉さんは河野一郎がソ連に外遊するとき壮行会をやりましたが、その名簿をみると関東のヤクザばっかりでした。それから力道山。児玉が集めたのです。

――ソ連外遊の壮行会にヤクザと右翼ですか（笑）。改めて聞きますが、児玉氏はなぜそんなに顔が利いたのですか。

菅沼　それはまず、軍のつながり。軍の隠匿物資で儲けて、莫大なおカネがありましたから。おカネは力です。彼は、A級戦犯として巣鴨に入っているとき岸さんと昵懇になり、いろいろと人脈を広げていった。岸さんや鳩山（一郎）さんが自由党を作ったとき、児玉のカネがかなり流れています。

それからCIAのつながり。アメリカ空軍とのつながり。だいたいCIAの工作員というのは、空軍の要員として来日しているのです。成田とか羽田とか一切通さないで、みな横田基地から入国してくる。パスポートもいらない。出国するときも入国するときも。軍人だから。ＣＩＡ長官もしょっちゅう来日しているけど、みな横田基地からです。だから児玉もその空軍にくらいついたからロッキードというパイに手を出してしまった（笑）。

――なるほど。でも最後は結局アメリカに切られてしまったんですよね。

菅沼　話をもとにもどすと、六〇年安保のときに右翼もヤクザも在日韓国人も一緒になって反共の防波堤たらんと戦ったわけです。もう、その時代を知っている、戦前日本の教育を受けた在日韓国人も死んでしまってほとんどいない。韓国にももう残っていないでしょう。

――併合時代を知っているお年寄りほど親日だといいますね。そういう人もどんどんいなくなっている。あとは、先生がおっしゃるような観念的反日論者ばかりになってしまうようで、暗澹たる気持ちになってしまいます。

統一教会の話が出てきたついでに、宗教がらみの話題を。おそらくヤクザに代って韓国の対日工作を担っているのは宗教ではないかと思うんです。こちらは反共でなく、反日、日本流にいえば、自虐ということになりますか。たとえば、この間の震災をきっかけに、現地ボランティアと称して怪しげな韓国キリスト教がわっと日本に入ってきて、被災地で洗脳活動をしています。ヨイド純福音教会の趙鏞基《チョー・ヨンギ》のように、「日本が震災に見舞われたのは、偶像崇拝に対する神の警告」なんてことをいう輩もいます。偶像崇拝はすなわち神社であり、つきつめると「天皇」ということでしょう。このように震災＝懲罰論を振りかざす韓国人牧師を複数知っています。

菅沼　もともと韓国のキリスト教は反日的な傾向が強い。

――ええ。三一運動を扇動していたのもキリスト教でしたよね。安重根《アン・ジュングン》も柳寛順《リュ・グァンスン》も現在、抗日のシンボルとなっている人はみなキリスト教徒です。その影響もあるんでしょうね。

菅沼　三一運動のバックには英米のキリスト教会がありました。

　面白いのはね、朝鮮にキリスト教が初めて伝道されたのは平安道なのですよ。北朝鮮です。実は、金日成《キム・イルソン》一家もキリスト教の洗礼受けているんです。語られることはあまりないですけどね。一応、共産主義ということになっていますから。マルクス主義では宗教は阿片ということで弾圧されて、キリスト教の関係者が朝鮮戦争を機に、みな南に逃げてきた。しかしそういう伝統があるから、米国のキリスト教関係者は、みな北朝鮮を訪問していますよ。

　ブッシュ親子やレーガンとも縁が深かったビリー・グラハムという宣教師をご存じでしょう。彼も何度か北朝鮮に行って金日成と会っています。

――そうだったのですか。ビリー・グラハムといえば、アメリカのネオコンと深いつながりのある福音派の大物ですね。七〇年代には日本にも来て、後楽園球場で講演をやりました。湾岸戦争やイラク戦争の開戦も彼のアドバイスがあったという。その男と金日成が握手している図は見ようによっては不思議議ですね。

そういえば、ビリー・グラハムの息子のフランクリンが韓国キリスト教の招きでたびたび来日しています。アメリカと韓国が宗教でつながる、ちょっとこれは警戒しておいたほうがいいかもしれません。アメリカ在住の韓国人の反日ロビー活動の拠点が、韓国系キリスト教界だともいわれていますからね。

中国接近は朴槿恵の計算

――まだまだ伺いたい話はあるのですが、それらはいずれの機会として。最後に、これからの日韓関係、あるいは日米韓関係を占うにおいて、韓国の異常な対中接近が気になるところです。これについてお聞かせください。

菅沼　あの国はいつもそう（事大主義）なんだけどね。李朝末の高宗の妃の閔妃は、清についたり日本についたりロシアについたり、事大先を変えて、そのつど国を混乱に陥れていた。彼女自身はかなりの教養の持ち主だった。四書五経だけではなくて、孫子の兵法まで研究していた人です。それで、一端の戦略家になったつもりで、夫である高宗に代って自分が国を治め始めた。日清露の大国を手玉にとっているような気になっていたけれど、日本の陸奥宗光のほうが一枚も二枚も上手だった。

朴槿恵《パク・クネ》さんもそれなりに勉強はしているのですよ。中国語もしゃべれるから、中国訪問では中国語でスピーチしている。難しい哲学書の話を中国の学生に向かって中国語で講演したことはまえに話しましたね。彼女、行き当たりばったりに見えるけど、こういうところはぬかりがない。行動もひとつひとつに理由があると見たほうがいい。

——そうですか。

菅沼 アメリカにとって日米韓の軍事的な連携が、対中国戦略上とても重要なのは言うまでもありません。だから、（中国に接近を見せる）韓国に対して必死になって説得しているわけだ。ところが、韓国のＴＨＨＡＤ計画（Terminal High Altitude Area Defense missile／アメリカの提唱するミサイル防衛網）への参加に関して、ロシアまで反対の声を挙げるようになった。この意味は大きい。

というのも、朝鮮戦争後の在韓米軍の役割は、対北朝鮮というよりも対ソ連で、戦略上、重要な意味をもっていたからです。したがって、冷戦終結後はその重要度も下がってきた。そうしているうちに、ウクライナ問題が勃発、プーチンが「核兵器の使用も準備している」と発言したものだから、米露関係はものすごく厳しい状況にある。かつてのキューバ危機を髣髴させるようなムードさえ漂ってきた。オバマがカストロと急にシェイク・ハンドしてみせたのは、ロシアの核がキューバに流れないようにするためでもあった。同時に、対露牽制という意味で、朝鮮半島の重要度もここへきて再び増してきた。むろん、対中牽制の意味においても。

ロシアと海を隔てたトルコ、そのトルコのインジルリクという米軍基地には、アメリカの核爆弾が七十発配備されている。対露戦略にとってトルコがいかに重要な位置にあるかはわかりますね。極東におけるトルコの役割にあるのが、朝鮮半島です。

――なるほど。そういえば、一時期、韓国から米軍が撤退するという話まで出ていたけれど、そんなものはいつの間にか飛んでしまいましたね。

菅沼　アメリカは是が非でもミサイル防衛システムを韓国に置きたい。同時に、日米韓の連携が不可欠になってくる。

朴槿恵からすれば、安全保障の問題でアメリカの従属下に身を置くことは致し方がないが、よしとするところではない。経済的には中国に頼らざるを得ない。戦略的な意味での自国の価値を見据えた上で、駆け引きしているつもりなのです。

対米外交の駆け引きのダシにされる日本

――駆け引きですか。確かにあっち行ったりこっち行ったりは閔妃の外交ですね。百年前とあまり変わらない（笑）。

菅沼　その駆け引きのダシに使われていたのが日本です。というのも、例えば、アメリカが韓国に「何で日本と上手くやらないんだ」と言うでしょう。韓国は「日本が慰安婦問題で賠償をし、歴史認識を正せば、いつでも手を結ぶ用意があります。問題は日本にありま す」と答えてきたわけです。そのたびにアメリカは日本に対して、韓国に飴玉をしゃぶらせるよう圧力をかけてきたけど、さすがに最近は韓国のあまりにも子供じみた態度にアメリカも「いい加減にせい」とうんざりしだした。

――韓国疲労（korea fatigue）という言葉も出てきましたね。tiredでなくfatigueというところに「うんざり」感がにじみ出ています。

菅沼　ＡＩＩＢ（Asian Infrastructure Investment Bank／アジアインフラ投資銀行）に参加するというのも、中国のインフラ投資に乗じて、韓国企業を中東、中央アジア進出させようという腹づもりだったのでしょうけど、上海ショックでそれもあやうくなった。となれば、韓国としては頼みは日本しかないわけです。対日のトーンも少しずつ変わりつつあるようにも見えます。

――いまさらになってTPP（Trans-Pacific Partnership　環太平洋パートナーシップ協定）に参加したげな雰囲気ですね。参加するにしても、創立メンバー国でないので、飲まされる条件のほうが多いのに。日本とのスワップ協定も延長せず、日本からの技術支援や盗用あればこそで国際市場に通用した家電や自動車もいまではさっぱりですからね。何かと韓国には甘かった日本の世論も、度重なる反日行為に呆れ顔といったところでしょう。気持ちの上では完全に離れたという感じですね。

ヤクザやフィクサーたちが作り上げてきた日韓関係も「いまは昔」……。町井久之や児玉誉士夫は草葉の陰でどう思っているでしょうね。

父娘二代の復讐の夢は終わった

菅沼　あまりにも韓国の態度が悪かったというのも確かなことでね。

一時、韓国企業は円高で苦しむ日本のメーカーを尻目に飛ぶ鳥落とす勢いでしたでしょう。ソニーも、パナソニックも、トヨタも、もはやわれわれの敵じゃないと息巻いていた。そのときが、一番日本に対して高圧的で、反日のトーンも高かったわけですよ。

――そのへんが実に韓国的ですよね。すべて自分の力だと思っている。日本の協力がなければ、おそらくいまごろ、国力はバングラデシュ程度だったはず。よしんば、国際市場で競争に勝ったとして、普通、自分が相手に勝ったと思ったら、むしろ鷹揚な態度を見せるものなのに、彼らはその逆です。

菅沼　日韓基本条約を振り返ってごらんなさい。李承晩《イ・スンマン》時代に絶ち切れた交渉を再開するに当たっては、朴正煕も日本に対してはとても低姿勢だった。池田勇人に対して「どうにかお願いします」と頭を垂れんばかりでね。帰国後、その姿勢を批判されると彼は国内向けにこう言った。「いまは頭を下げる。だが、いずれ日本を追い越したときに、この屈辱を晴らすのだ」。

要するに朴槿恵の反日というのは、父子二代にわたって、その復讐をしているということでもあるわけだ。サムスン、LG、現代が日本企業に勝ったと思った時点でね。それももう終わりだけど。

――短い春の夢でしたね(笑)。それにしても、彼らの特異なメンタリティといえば、それまでなんですけど、助けてやって恨まれるというのも理屈に合わないですね。助けなければ助けないでも恨まれるわけだし。

菅沼　まったく日本も懲りないよ。いまの経団連の会長は元東レの榊原定征会長(二〇一五年十一月現在)です。彼は日本が世界に誇る炭素繊維の工場を韓国に投資し、それをまた拡大すると言っている。韓国行って朴槿恵に勲章もらって喜んでいたけどね。

――ホント、懲りないですね。まさか三清閣では（笑）。

菅沼　いや、もうそれは昔の話だよ（笑）。

本書ができるまで

但馬オサム

菅沼光弘先生の事務所に初めてお邪魔したのは、平成二十四年の春ごろと記憶している。当時は民主党政権の末期。〝指定暴力団〟山口組がその民主党の支持を表明しているということで、政治家とヤクザ社会の癒着というテーマで雑誌のインタビューをお願いしたのである。そのとき、先生が開口一番こう言われたのをいまでも鮮明に覚えている。

「いつの話をすればいいの？　政治家とヤクザが仲良かったなんて古きよき時代の話だよ」

いきなり脳天に一発かまされた。まず、こちらに「政治家とヤクザ社会の関係」を肯定的に捉える発想がなかったからである。

先生は続けられた。庶民に慕われた戦前戦後の侠客たちのこと、ヤクザから政治家になった男たちのこと、暴対法やオバマの圧力で作られた暴力団排除条例がいかにナンセンスで理不尽なものであるかということ、そして日韓交渉の裏側で献身した在日ヤクザのこと。……伺っていくうちに自分の中にある通俗的なヤクザのイメージがボロボロと崩れていくのを感じた。そして、いつしかその語り口に引き込まれている自分に気づくのだった。先生のお話はいつもそうなのだが、雑談だと思って聞き流していると、いきなり核心部分に触れてくることもある。なにせ、初対面だ、このときは慌ててお話を中断してもらい、テープを回した記憶がある。

おかげさまでインタビュー記事は読者にも好評で、先生にはレギュラーで登場していただくことになった。当然のことながら、一度の取材で、そこから活字になるのはほんの一部である。泣く泣くオミットした部分もあるがこれがまた面白い。いつか、これらの貴重なトークを一冊にまとめさせていただきたいと先生にはお願いしていたが、その後、僕が雑誌の仕事から離れてしまったためそれきりになり、いつしか先生の事務所にも足が遠のいていた。

そんなおり、先生からじきじきにお電話をいただいたのである（初めてのことだった）。献本させていただいた拙著『韓国呪術と反日』の感想をわざわざ伝えてくださったのだ。「こういう観点で韓国を語った本は初めてだ」というお言葉はいまも耳の奥に沁み込んでいる。

それをきっかけに再び菅沼事務所詣でが始まった。先生には失礼かもしれないが、まるで長屋のご隠居さんを訪ねる八っつあん熊さんといった気安い気分で裏社会（ヤクザ、民団、総連、ＫＣＩＡ等）について好奇心のむくままにあれこれを伺うことができた。思えば実に贅沢な時間だったと思う。

そうして出来上がったのがこの本である。

ありきたりのインタビュー本にする気は毛頭なかったので、補足という意味で拙い解説を入れさせてもらった。解説に関しても資料集め等かなりの労力を込めたと自賛したい。特に妓生《キーセン》については、知れば知るほど奥の深い世界だと思った。本書のテーマと直接関係ないのであえて本文では触れなかったが、ひとつ面白い逸話を紹介するなら――併合時代の明月館に石井柏亭《はくてい》画伯の寵愛を受け彼の作品のモデルにもなった紅蓮《ホンリョン》という名妓がいた。多くの男性を腹上死させた魔性の女でもあり、彼女の死後、その性器が標本として国立科学捜査研究所に保管されているという――。

本書全体の読後感として、ヤクザに甘い、きれいごとに過ぎるというご意見をもたれる方もおられるかもしれない。そのそしりは甘んじて受けようかと思う。その上で、一九七三年（昭和四十八年）十一月十三日の衆議院決算委員会での、金大中《キム・デジュン》事件に関連した小林進議員（当時・社会党）の質問の以下の部分を紹介しておきたい。

《この覚せい剤は、警察庁からいただいた資料にもはっきりしていますように、ほとんど韓国であります。韓国から入ってまいりまして、今年だけでも、密輸入で押えられたその覚せい剤だけでももはや三十一キロであります。これは〇・一グラム二千円ですから、三十一キロというのは約六億から七億。これまた、少しまぜものを入れて、歯みがき粉なん

かを入れれば、これが約十億か十五億に化けるような膨大なものが、警察当局があげただけでも入ってきた。》

いまでこそ覚せい剤といえば北朝鮮製だが、当時は韓国が本場だったのである。しかも小林議員によれば、その原料であるメチルエフェドリン（年間推定七千キロ）は日本から渡ったもので、韓国で精製され非合法薬物として日本に逆輸入されているのだという。これなど背後に在日ヤクザや韓国の裏社会（ひょっとすればＫＣＩＡ）の関与がなければ成立しない話だろう。こういった日韓のアンダーグラウンドなつながりについては、またいずれかの機会に踏み込んでみたい。

解説を書くにあたって、国会議事録は第一級の資料となった。金大中事件、文世光《ムン・セグァン》事件、ロッキード事件に関する、自民党と朴軍事政権、ＫＣＩＡ、民団、あるいは在日ヤクザとの癒着についての社会党議員の容赦のない追及、報告には多くの発見と示唆を得た。

もっとも、当時の社会党は社会党で、北朝鮮とズブズブの関係であったが。いや、日本共産党だって、本書で触れているように暴力革命の実現のために朝連系朝鮮人を戦闘員として使っていたのである。そういった、日本の政界と朝鮮半島とのまさに、腐臭漂う腐れ縁を考える、本書がその一助になってくれればこれもまた幸いであるかなと思う。

戦後日韓オーバー&アンダーグラウンド史
日韓基本条約を中心に

1945年（昭和20年）

8月　日本敗戦（15日）。韓国ではこの日を「祖国解放（光復）の日」としている。

10月　東京日比谷公会堂で在日本朝鮮人連盟（朝連）の結成式（15日）。共産党員である金天海が連盟を掌握（最高顧問）。韓徳銖（のちの総連議長）は神奈川県本部委員長に就任。

11月　朝連の左翼化に異を唱える在日朝鮮人グループが朝鮮建国促進青年同盟（建青）を組織（16日）。町井久之（鄭建永）が建青東京本部副委員長に。

1946年（昭和21年）

2月　在日本朝鮮人連盟の第2回臨時全国大会（28日）。「朝鮮人民共和国支持」を打ち出す朝連左派主流と町井の健青ら右派が乱闘。

3月　朝連傘下の青年組織として、在日朝鮮民主青年同盟（民青）が結成される。以後、民青と建青は在日社会の主導権を巡って血で血を洗う抗争を展開する。

1948年（昭和23年）

4月　阪神教育騒乱事件起こる（14～26日）。GHQが日本政府に「朝鮮人学校を日本の教育基本法、学校教育法に従わせるよう」指示。これに反発した関西地区の在日朝鮮人と日本共産党が蜂起し破壊活動に走る。戦後唯一の非常事態宣言が布告される。

8月　大韓民国成立（15日）。初代大統領は李承晩。首都はソウル。

9月　朝鮮民主主義人民共和国成立（9日）。初代主席に金日成。首都は平壌。

1950年（昭和25年）

6月　朝鮮戦争勃発（25日）。

1951年（昭和26年）

9月　サンフランシスコ条約締結（8日）。国際法上はこの日をもって日本と連合国側との戦争が終結する。韓国李承晩は戦勝国としての出席を希望していたが、連合国側から拒絶されている。

10月　日韓国交正常化に向けての予備交渉が始まる（20日）。シーボルド連合軍外交局長立ち合いのもと。

1952年（昭和27年）

1月　予備会談の席上、日本側から「日韓の雰囲気をよくするため」の文化財返還が提示される（9日）。李承晩、日本海上に軍事境界線（李承晩ライン）を一方的に引く（18日）。予備会談で日本側が対韓請求権を持ち出したことへの報復措置ともいわれる。

2月　日韓基本条約に向けた第1次会談始まる（同月15日～4月25日）。主な議題は、請求権問題、日韓併合条約（旧条約無効問題）、文化財返還など。

4月　李ライン設定と在韓日本人財産請求権をめぐる対立により日韓交渉決裂。

1953年（昭和28年）

1月　李承晩大統領が国連軍司令官クラーク大将の招きで非公式来日（5日）。吉田茂首相と会談をもつも終始険悪なムードだったという。

2月　李ライン付近で日本の漁船が韓国海軍に銃撃され漁民1人（瀬戸重次郎氏）が後頭部に銃弾を受け死亡。他の乗組員も拿捕される。いわゆる第一大邦丸事件（4日）。

韓国に拿捕されていた第一、第二大邦丸の乗組員、帰還（16日）。

4月　日韓基本条約に向けた第2次会談始まる（同月15日～7月23日）。ここでは竹島問題も議題に上がる。韓国側の金代表「泥棒が、道を歩いている紳士の金時計（竹島）を見て、突然自分のものだと難癖をつけたとしよう。その紳士『とんでもない話だ』と一蹴すると、相手方がその紳士に、裁判所に行って誰のものだか裁判をしようといいがかりをつけたとしても、裁判所に行く紳士はいない」と発言。

韓国の民兵独島義勇守備隊が島根県の竹島に駐屯（20日）。

7月　朝鮮戦争休戦。軍事境界線（38度線）が固定化され、朝鮮半島は南北に分断。

日韓基本条約に向けた第3次会談始まる（同月6日～21日）

久保田貫一郎外務省参与（全権代表）によるいわゆる久保田発言。「もし韓国併合36年間の賠償要求を出していれば、日本としては、総督政治のよかった面、例えば禿山が緑の山に変わった、鉄道の敷設、港湾の建設、米田が非常に殖えたことなどをあげて韓国側の要求と相殺したであろう」（15日）。韓国側がこれに猛反発し、交渉は決裂。以後5年間、会談は中断された。

久保田参与、10月26日付の極秘公文書『日韓会談決裂善後対策』で韓国について「思い上がった雲の上から降りて来ない限り解決はあり得ない」と記述し、韓国人の気質として「強き者には屈し、弱き者には横暴」であると分析した上で、李承晩政権の打倒を開始すべきであると提言。

（韓国）韓国は漁船の拿捕と漁師の抑留措置を強化。大村収容所の不法入国者の引取りを拒否。久保田発言に対する報復措置。

1954年（昭和29年）

1月　（韓国）竹島に民間守備隊を派遣し領土標識を設置。日本は国際司法裁での調停を提案、韓国は拒否（18日）。

4月　（韓国）対日貿易を停止。

9月　日本政府、竹島問題を国際司法裁判所に提訴。韓国政府はただちに拒否。

1955年（昭和30年）

5月　在日本朝鮮人総聯合会（朝鮮総連）が結成される（25日）。実質的な北朝鮮の海外団体。

8月　（韓国）李政権、日本との経済関係を全面断絶すると発表（17日）。

11月　（韓国）李承晩、李ライン侵犯の日本漁船は撃沈も辞さないと警告（17日）。

1956年（昭和31年）

1月　駐日韓国代表部、対日貿易再開を発表。

矢次一夫、訪台。蔣介石中華民国総統と会談。日韓関係の改善に関して意見を交換。日台韓の反共ラインの構築を模索。

1957年（昭和32年）

日韓会談再開のため、矢次は柳泰夏駐日韓国代表部参事官と李ライン抑留問題に関する秘密交渉を行う。同年、矢次の仲介で金東祚韓国外務部長官・駐日韓国大使が岸信介首相と接触。

12月　藤山愛一郎外相と金裕拓在日韓国大使との会談で、日本側が久保田発言を撤回、抑留者と不法入国者の相互釈放・送還で合意。対韓資産の請求権の放棄を発表。

1958年（昭和33年）

2月　抑留された日本の漁民約300人が下関に帰還（1日）。

4月　第4次日韓交渉会談（同月15日〜60年4月15日）スタート。日本にある韓国の文化財返還についてが主な議題。韓国側は日本側の返還リストに不服。

5月　（北）総連第4回全体大会で韓徳銖が初代議長に選出される。以後、韓は01年に死去するまで同職を務め権力を掌握。

矢次一夫、岸信介の個人特使として訪韓。李承晩韓国大統領と会談。国交回復を打診。

6月　統一教会教祖・文鮮明の命を受けた西川勝こと崔翔翊が密入国。日本で布教を開始。

1959年（昭和34年）

2月　民団中央本部では李寿成、曺寧柱（闘争委員長）、

金光男、金仁洙、金今石らが中心となって「北韓送還反対闘争委員会」を結成（2日）。

藤山外相、日本在住朝鮮人希望者の北朝鮮帰還を認めると韓国に通告。韓国公使は強く抗議（12日）。

7月　（韓国）ソウルで在日朝鮮人北送反対デモ（14日）。

（韓国）李ライン侵犯者として釜山の外国人収容所に収監中の日本人漁民128人が早期送還と待遇改善を訴えて決起、収容所のバリケードを越え釜山警察署までの道のりを抗議のデモ行進（17日）。

8月　カルカッタで日朝赤十字社合意のもと「在日朝鮮人帰還協定」が締結される（13日）。

12月　（北）北朝鮮帰国事業の第1便（クリリオン号、トボリスク号）が975人の乗客を乗せ新潟港を出発（14日）。帰国事業は84年までに180回以上、日本人配偶者を含む9万3000人あまりの在日朝鮮人が帰国している。

1960年（昭和35年）

1月　岸内閣、新安保条約を調印。

3月　李ライン侵犯で抑留されていた日本人漁民167人が帰還。

4月　米駐日大使マッカーサー（ジェネラル・マッカーサーの甥）が国務省機密電文3470号の中で、李大統領に漁民拿捕をやめさせ人質を早期解放させるべきと進言。

（韓国）李承晩、大統領選の不正を糾弾するデモを鎮圧できず、下野を表明（26日）。

5月　（韓国）李承晩、ハワイに亡命（29日）

6月　安保条約改定。岸内閣が総辞職。

8月　（韓国）張勉が首相に就任（19日）。内閣制をスタート（23日）。日韓国交樹立を掲げ、交渉再開を宣言。

10月　第5次日韓交渉会談（同月25日〜61年5月15日）。日本の朝鮮文化財持ち出しについての正統性について激しい議論。

12月　赤坂に力道山オーナーの高級マンション・リキアパートがオープン。その後、同所では、児玉＝町井ラインによる日韓要人の会合がたびたび行われたという（「日韓会談の黒幕・町井久之の転身」週刊現代66年6月23日号）。日本側は岸信介、大野伴睦、河野一郎ら。韓国側は李哲承（国会国防委員長）、厳堯燮（駐日韓国代表部・公使）ら。

1961年（昭和36年）

5月　（韓国）陸軍少将・朴正熙が兵士3000人を率いてソウル市を制圧。軍事クー・デターを起こし政権を奪取、国家再建最高会議を召集し議長に（16日）。

朴議長は外国（日米）からの資金調達を前提とした第1次経済開発5カ年計画を発表。日韓会談の早期再開を打ち出す（22日）。

（韓国）朴政権、暴力団一掃と公娼制度の復活を実行。これによって娼妓は登録制になる。

6月　（韓国）KCIA（韓国中央情報局）が発足。初代部長に金鍾泌が就任。

（韓国）朴氏、側近とのパーティの席上で「日本人は過去を謝罪し、より以上の誠意で会談に臨むべきだ、などということは、今の時代には通用しない。昔のことは水に流して国交正常化するのが賢明だ」と発言。

池田勇人総理大臣、訪米。ケネディ大統領に「日韓国交樹立」を示唆される（19日）。

7月　崔徳新訪日親善使節団団長が自民党日韓懇談会の席上、「（日本の）経済協力により韓国の自立経済を1日も早く達成したい」と発言（5日）。

8月　KCIA（韓国中央情報局）第5局長・崔英沢（チェ・ヨンテク）が日韓国交正常化促進に向けた裏工作の任を受け、東京の駐日韓国代表部（参事官）に赴任。崔はリキアパートに居住。

10月　第6次日韓交渉会談（同月20日～64年12月2日）スタート。無償援助等の金額が話し合われる。

11月　（韓国）朴正煕（当時の肩書きは国家再建最高会議議長）訪日を前に、李ラインによって拿捕された日本漁船5隻と乗組員76人を釈放。漁民は帰国（10日）。

朴正煕議長が来日（11日）。池田勇人首相、岸信介前首相らと会談。朴・池田会談では、「請求権というと相殺思想が出てくる」「請求権でなく適当な名義にしてほしい」などのやりとりがあったという。日本側が大幅に譲歩する形で、日韓交渉を前向きに進めることで合意。朴議長は、その足でアメリカへ。韓国軍のベトナム派兵をケネディ大統領に提案。

米ラスク国務長官が来日、池田首相との会談の中で「南ベトナムは危険な状態にあり、韓国でつまずくようなことになればアメリカの威信にかかわる」と発言。

1962年（昭和37年）

2月　（韓国）23日付の韓国外交部作成の資料に、朴政権が打ち出した経済開発5カ年計画達成のためには「4億7000万ドルが不足している」とし「日本の資金で充当するのが妥当」とある。

3月　KCIA幹部の崔英沢が児玉邸を初訪問。崔は「韓日交渉の妥結のためには副総裁の大野（伴睦）さんと農林大臣の河野（一郎）さんを説得しなければなりません」と協力を要請。児玉はこれを快諾。（魚住昭著『渡邉恒雄・メディアと権力』）

?月　児玉誉士夫が金鍾泌KCIA部長に、中川一郎（当時大野伴睦秘書）と東声会会長の町井久之を紹介。

9月　大平外相、渡米。ラスク国務長官から日韓交渉の促進と借款3億ドルでの手打ちを打診される。金鍾泌もこれに合流。3者会談となる。

10月　大野伴睦、金鍾泌KCIA部長が箱根小涌園で会合。大野は借款3億ドルを提示するも金は6億ドルを打診。金はその足でアメリカで。

町井久之、韓国大邱で開かれた国民体育大会に在日同胞チーム団長として戦後初の渡韓。朴政権の警護隊長であった朴鐘圭（ピストル朴）と懇意になる。

11月　大平正芳外相と金鍾泌KCIA部長が霞が関の外務大臣室で会談。無償供与3億ドル、政府借款2億ドル、商業借款1億ドル以上なる覚書「大平・金合意メモ」が交わされる（12日）。名目は請求権でなく経済協力金となる。

12月　大野伴睦、池田首相の親書を携え初渡韓（10日）。

韓国、大野訪韓の〝手土産〟として、同年5月、李ラインで拿捕した唐津市の漁民を釈放（12日）。しかし、韓国の沿岸警備艇は同日、新たに3隻の日本漁船（乗組員20名）を拿捕。

1963年（昭和38年）

1月　力道山、韓国政府の招きで韓国を極秘訪問。金鍾泌、金在春（第3代KCIA部長）らと会談。板門店を訪問する。

2月　神戸市須磨の料亭「寿楼」にて、山口組三代目・田岡一雄と東声会会長・町井久之の結縁式（11日）。両者の結縁は「東亜同友会」（台頭する左翼勢力に対抗するため全国の右翼、博徒、テキヤの大同団結を図る）構想を挙げていた児玉誉士夫の仲介によるもの。

衆議院予算委員会で戸叶里子議員（日本社会党）が「韓国の妓生が公務員用の旅券で多数入国しており、その中には店側から売春を強要された者もいる」と発言。

（韓国）朴正熙議長、金鍾泌のすべての要職を解任。「請求権」問題で国民の非難を浴びる金の緊急避難的意味合いがあったといわれる（20日）。

（韓国）共和党成立（21日）。

4月　町井久之、東亜相互企業を設立、事業家転身を模索。

12月　（韓国）金鍾泌、共和党議長として復職（2日）。

児玉誉士夫訪韓（7日）。

力道山、赤坂のナイトクラブ「ニューラテンクォーター」で住吉会系暴力団員に腹部を刺される（8日）。15日に急逝。

大野伴睦、衆議院初当選の中川一郎を伴って、朴正熙大統領就任式出席のため池田勇人首相の親書をもって渡韓（10日）。大野・朴会談で大野が「朴大統領とは親子の間柄」と発言、韓国野党に反発招く。

（韓国）朴正熙、大統領に就任（17日）。

1964年（昭和39年）

2月　警視庁、暴力団壊滅を掲げた、いわゆる「頂上作戦」をスタート。

（韓国）「対日屈辱外交反対デモ」が韓国全土に広がる（21日）。

（韓国）朴大統領、来日中の金鍾泌議長に緊急帰国を命令（26日）。

5月　大野伴睦急逝（29日）。

6月　（韓国）「経済協力金」という名目での借款受け入れを屈辱外交とし、日韓条約反対を叫ぶデモ隊が警察を占領、戒厳令が宣布される。いわゆる6・3事態（3日）。デモ隊の中には若き日の李明博もいた。この騒動で、日韓交渉も一時凍結。

金鍾泌、共和党議長を辞任（5日）。大野の急逝もあって、大野―金ラインは事実上消滅。

7月　第3次池田内閣の内閣改造で椎名悦三郎外相が誕生（18日）。通産畑出身の椎名の外相就任は意表をつくもので、日韓交渉をにらんだ池田のサプライズだった。

（韓国）李東元が外相就任（25日）。朴大統領に就任を打診された際、李は「これで私は李完用になるでしょう（但馬註・国民からは売国奴あつかいされるでしょう、の意）。国のためです」と語ったといわれる。

9月　韓国、ベトナムに医療部隊とテコンドー教官を派遣。実質的なベトナム派兵の始まり。

10月　東京オリンピック開催（10日）。日本、名実共に先進国入りをアピール。韓国選手団の招聘在費用などの多くを賄ったのが、町井久之、力道山（既に故人）、それに重光武雄（辛格浩＝シン・キョクホ。ロッテ創業者）といった在日韓国人有力者の寄付と一般在日の浄財だという。北朝鮮は不参加。

11月　佐藤栄作内閣発足。

12月　第7次会談再開（3日～65年6月22日）。

1965年（昭和40年）

2月　椎名悦三郎外相、渡韓（17日）。金浦空港での歓迎式典で「両国間の永い歴史の中に、不幸な期間があったことは、まことに遺憾な次第であり、深く反省するものであります」とスピーチ。日韓基本条約に仮調印（20日）。

3月　金鍾泌外相来日阻止の羽田空港現地デモが行われるが、デモ隊は機動隊に阻まれる（20日）。韓国でも金氏訪日阻止の学生デモが過熱。金氏はすぐに帰国。

4月　椎名、李、日韓両外相が東京で請求権、漁業、在日韓国人の法的地位の3懸案について協定に仮調印（3日）。

6月　国会で社会党の赤松勇選対委が「韓国が南ベトナムへさらに大量の軍隊を送ろうとしている時であり、（日韓基本条約調印は）平和を願うアジア諸国民への挑戦である。また竹島問題を棚上げしていることは懸念の一括解決という政府の公約を破るものだ」と述べる（19日）。

「日本国と大韓民国との間の基本関係に関する条約」（日韓基本条約）署名（22日）。

12月　ソウルで日韓条約の批准書交換式典が開かれる。ここに日韓国交が成立（18日）。

1966年（昭和41年）

5月　町井久之、六本木東亜マンションに高級クラブ「キャラバン・サライ」をオープン。これを足掛かりに、六本木、銀座に次々とクラブを展開。

町井久之、高級妓生ハウス銀座「秘苑」をオープン。ここを舞台に日韓要人のさまざまな密談がもたらされ、駐日韓国大使館の「迎賓館」とも呼ばれた。

9月　東声会解散。

1967年（昭和42年）

7月　山梨県で「第1回アジア反共連盟結成準備会」開催。統一教会の文鮮明（ムン・ソンミョン）、劉孝之（ユ・ヒョウジ）、日本側は笹川良一、児玉誉士夫代理の白井為雄らが参加。これが翌年の勝共連合結成につながる。

1968年（昭和43年）

4月　統一教会系の反共政治団体・国際勝共連合が結成。会長に久保木修己、名誉会長に笹川良一。他に岸信介、源田実、小川半次らが名を連ねている。

町井、銀座「秘苑」の姉妹店として湯島「秘苑」（旧「城園」）をオープン。金鍾泌、李厚洛（第6代KCIA部長）らも利用。

1969年（昭和44年）

3月　外務省派遣の「韓国経済産業視察団」訪韓。

8月　第3次日韓定期閣僚会議で韓国側が総合製鉄所建設を日本の対韓協力の最優先計画とすることを要請。浦項製鉄所（のちのポスコ）計画が具体化（22日）。

1970年（昭和45年）

3月　よど号事件起きる。

4月　浦項総合製鉄所着工（1日）。

よど号事件の事後処理で訪韓していた橋本登美三郎運輸大臣が帰国に際し、白善燁交通部長官に「お返しに何かお手伝いしたい」と申し出、ソウル地下鉄の建設協力を約束する。

6月　町井久之の事業である釜関フェリーが開通（16日）。招待客として岸信介、安倍晋太郎らが乗船、釜山に向う。

7月　第4回日韓定期閣僚会議がソウルで開かれる（21日）。日本側首席は福田赳夫大蔵大臣。この席上で、外務省の頭越しに緊急1億ドル（360億円）借款が決定される。うち72億円ぶんは韓国側からの使用計画が提示されておらず、翌年の大統領選挙をめぐる資金であると噂された。

10月　矢次一夫、朴正煕韓国大統領より一等樹交勲章を賜る。

1971年（昭和46年）

町井久之、在日本大韓民国民団中央本部顧問に就任。

1972年（昭和47年）

4月　湯島「秘苑」（城園観光）が「無許可の風俗営業」のかどで、代表取締役・平井義一（元自民党代議士・日本プロレス協会長）ら3名が検挙される。それぞれ罰金刑。

11月　湯島「秘苑」の代表取締役に元法務省横浜入国管理事務局所長の高木民司が就任。

日韓議員懇親会（現・日韓議員連盟）発足。

1973年（昭和48年）

4月　（韓国）妓生が登録制になる。

6月　金鍾泌来日。

7月　町井久之、東京六本木に総合レジャー施設「TSK・CCC」をオープン。

石原慎太郎、中川一郎ら自民党若手タカ派議員32名が血判し、「青嵐会」を発足（17日）。反中国、親台湾、親韓国を鮮明にしていた。自民党ハト派による北朝鮮訪問計画の中止を成功させる。

?月　柳川次郎（梁元錫）、政治結社「亜細亜民族同盟」を設立。

8月　韓国の民主活動家で政治家、のちに大韓民国大統領（第15代）となる金大中が滞在先の東京千代田区のホテルグランドパレスから拉致される。いわゆる「金大中事件」。のちにKCIAが関与していたことが明らかになる。

9月　岸信介、矢次一夫を伴って訪韓。朴正煕と金大中事件について会談。事件処理と経済関係を切り離すことで合意。

10月　国会（衆院決算委）で小林進議員（社会党）が「町

井（久之）氏は『秘苑』という韓国料亭を経営しており、そこでは常に妓生を置いて接客させ、時には行き過ぎた接客を行っているという風聞があり、しかもわが国の国会議員、それも青嵐会の議員が多く出入りしているという噂になっている」と発言（9日）。

12月（韓国）梨花女子大の学生が金浦空港で日本男性の妓生観光に反対するデモ。同時期、日本の女性団体も羽田空港でビラを撒くなどの抗議行動。

1974年（昭和49年）

8月（韓国）文世光事件（15日）。北朝鮮にオルグされた在日韓国人・文世光がソウル国立劇場で行われた光復記念日式典の壇上に立った朴正煕大統領を狙撃。弾は外れたが、大統領夫人である陸英修氏を直撃。夫人は死亡。犯行に使われた拳銃は大阪の交番から盗まれたものだった。日韓関係は最悪の事態に。

1975年（昭和50年）

12月（韓国）朴政権内閣改造。金鍾泌に代って崔圭夏（元外相）が首相に。

1976年（昭和51年）

2月 米ロッキード社が全日空をはじめ各国の航空会社にトライスター機を売り込むため、各国の政府機関に巨額のリベートを支払っていたことが明るみにでる（4日）。いわゆる「ロッキード事件」。前首相である田中角栄をはじめ、逮捕は、児玉誉士夫、小佐野賢治といったフィクサー、政商に及んだ。児玉の逮捕で町井久之は後ろ盾を失うことになっただけでなく、彼自身も幾度となく疑惑の俎上に載せられた。

3月 韓国の反体制詩人・金芝河（キム・ジハ／亡命中）が妓生観光を風刺する長編詩『糞氏物語』を発表。

5月 参院予算委員会で社会党の野田哲が「法務省横浜入国管理事務所の元所長（高木民司氏）が湯島『秘苑』を経営する秘苑観光の代表取締役に天下っている」と暴露。

11月 24日付ニューヨークタイムズ紙が一面で、「原理運動（統一教会の布教運動）が、韓国政府とKCIAの援助を受けており、日本からも多額の資金が流れている」と報道。

米ワシントン・ポスト紙が、「KCIAや統一教会を通して韓国人実業家・朴東宣（パク・ドンソン）が米下院議員に買収工作を行っている」と暴露記事。いわゆるコリアン・ゲート事件。

1977年（昭和52年）

6月 町井久之の東亜相互企業が不渡りを出し倒産（1日）。

10月 衆議院決算委員会で、社会党の小林進議員が金大中事件に絡めて、警察庁担当者に町井久之の〝素性〟

について質問。町井経営の「秘苑」での「特殊なサービス」についても示唆。

?月　米国に亡命中の元KCIA部長（第4代）・金炯旭が、米国下院の公聴会で「青嵐会は李らの資金援助によって設立された」と暴露。中川一郎はこれを否定。

1978年（昭和53年）

4月　元KCIA部長・李厚洛（第6代）の愛人だったという元赤坂芸者の告白記事が週刊誌（週刊ポスト4月14日号）に乗る。在日韓国人実業家M氏、日本の大物財界人S氏の他、福田赳夫、田中角栄、金在権（駐日公使）が実名で登場する。

1979年（昭和54年）

6月　福田赳夫首相訪韓。

9月　椎名悦三郎死去（30日）。

10月　亡命中の金炯旭元KCIA部長、パリで暗殺される（7日）。朴正煕暗殺の実行犯でもある金載圭KCIA部長（当時・第8代）の指図だったという。

朴正煕暗殺（26日）。

1980年（昭和55年）

9月　岸、矢次訪韓。全斗煥大統領と金大中事件について会談するも目立った進展なし。全が旧朴政権の対日人脈を嫌ったとも。

1983年（昭和58年）

3月　矢次一夫死去（22日）。

1984年（昭和59年）

1月　児玉誉士夫死去（17日）。

1987年（昭和62年）

8月　岸信介死去（7日）。

11月　大韓航空機爆破事件。北朝鮮の工作員は蜂谷真一（金勝一）、蜂谷真由美（金賢姫）という日本人名義の旅券で搭乗していた。

1988年（昭和63年）

9月　（韓国）ソウル五輪開催。

1989年（平成元年）

2月　昭和天皇大喪の礼。各国は元首クラスが参列したが、韓国は盧泰愚大統領でなく№2の姜英勲（カン・ヨンフン）国務総理の参列となった。

1991年（平成3年）

8月　朝日新聞大阪版に、戦中の女子挺身隊と慰安婦を混同する記事を掲載。いわゆる植村記事。慰安婦問題が一気に加熱。韓国では反日運動が活発になる。

12月　柳川次郎（梁元錫）死去（12日）。

1994年（平成6年）

7月　（北）金日成死去（8日）。

1997年（平成9年）

（韓国）経済破綻。IMF管理下に入る。

1998年（平成10年）

10月　金大中大統領訪日。小渕首相との間で「日韓共同宣言」合意。また、金大統領は日本の大衆文化の段階的解禁を決める。

2002年（平成14年）

5月　サッカー日韓ワールドカップ開催。

9月　町井久之（鄭建永）死去（14日）。

2003年（平成15年）

4月　韓国ドラマ『冬のソナタ』日本で放映。

6月　高山登久太郎（姜外秀）死去（15日）。

2004年（平成16年）

（韓国）売春が非合法化。妓生登録制も事実上終了

2010年（平成22年）

8月　（韓国）最後の伝統的妓生ハウス「梧珍庵」閉店。

2011年（平成23年）

12月　（韓国）ソウルの日本大使館前に慰安婦少女像が建つ。

（北）金正日死去。

2012年（平成24年）

2月　（韓国）李明博大統領が現役大統領として初めて竹島に上陸。

2013年（平成25年）

3月　（韓国）三一節で朴槿恵大統領が「加害者と被害者の関係は1000年経っても変わらない」と演説。

2014年（平成26年）

8月　朝日新聞、植村記事を検証訂正（事実上の否定）。

[略歴]

菅沼光弘（すがぬま・みつひろ）

元公安調査庁調査第2部長。
東京大学法学部卒業後の1959年、公安調査庁入庁。ドイツのマインツ大学に留学、対外情報活動部門を中心に旧ソ連、北朝鮮、中国の情報収集に35年間従事する。対外情報の総責任者である調査第2部長を最後に1995年に退官。アジア社会経済開発協力会を主宰。著書に、『日本人が知らない地政学が教えるこの国の針路』（KKベストセラーズ））、『この国を呪縛する歴史問題』『この国の権力中枢を握る者は誰か』『この国の不都合な真実』『この国を脅かす権力の正体』（徳間書店）、『守るべき日本の国益』（青志社）など多数。共著に『世界経済の支配構造が崩壊する』（ビジネス社）など。

企画・構成　但馬オサム

ヤクザと妓生《キーセン》が作った大韓民国

2015年11月19日　第1刷発行
2015年12月3日　第2刷発行

著者　菅沼光弘
発行者　唐津 隆
発行所　株式会社ビジネス社

〒162-0805　東京都新宿区矢来町114番地 神楽坂高橋ビル5F
電話　03(5227)1602　FAX　03(5227)1603
http://www.business-sha.co.jp

〈装幀〉中村聡　〈本文組版〉エムアンドケイ　茂呂田剛
〈帯写真〉一般社団法人 Tradition Japan
〈印刷・製本〉中央精版印刷株式会社
〈編集担当〉佐藤春生　〈営業担当〉山口健志

ISBN978-4-8284-1848-3